LUCIFER

BISCHOF VON CALARIS

UND

DAS SCHISMA DER LUCIFERIANER.

VON

LIC. DR. GUSTAV KRÜGER,

PRIVATDOCENT DER THEOLOGIE AN DER UNIVERSITÄT GIESSEN.

LEIPZIG

DRUCK UND VERLAG VON BREITKOPF & HÄRTEL.

1886.

Meinem lieben Freunde

D^{R.} RUD. A. MEINCKE,

Pastor an der Hauptkirche zu St. Nicolai

in Hamburg.

Inhaltsverzeichnis.

Seite

Einleitung.
Das Thema und die Aufgabe. Die Politik des Kaisers Constantius.
Der Gegensatz 1

Capitel I. Lucifer, Bischof von Calaris 9
  I. Bis zum Exil: Anfänge der christlichen Kirche in Sardi-
    nien. Erstes Auftreten des Lucifer. Gesandtschaft an den
    Kaiser nach Gallien. Lucifer in Mailand. Das Concil von
    Mailand. Die Verbannung. Lucifer im Exil 9
  II. Die Schriften: Der Standpunkt des Beurteilers. Form
    und Inhalt. Charakteristik Lucifers und seiner Theologie . 24
  III. Nach dem Exil: Allgemeine Verhältnisse seit 357. Die
    Homöusianer. Der Umschwung der Parteien. Julian. Atha-
    nasius und die Synode von Alexandrien. Quellen über die
    letztere. Ihre Bedeutung. Die antiochenischen Streitig-
    keiten. Lucifer und Eusebius in Antiochien. Der Bruch
    mit den Freunden und der Kirche. Rückkehr nach Sardi-
    nien. Der Tod. Athanasius und Lucifer. 41

Capitel II. Das Schisma der Luciferianer. 58
  I. Quellen: Hieronymus, Dialogus contra Luciferianos. Der
    libellus precum des Faustinus und Marcellinus. Die Ketzer-
    kataloge. Pseudo-Hieronymus 58
  II. Charakter des Schismas: Die prinzipiellen Sätze. Be-
    urteilung derselben. Die praktische Tendenz. Die Lucife-
    rianer und die asketischen Bestrebungen der Zeit 66
  III. Skizze der luciferianischen Bewegung: Sardinien.
    Gregorius von Eliberis und die Luciferianer in Spanien. Lu-
    ciferianer und Ursinianer. Die Vorrede zum libellus precum.
    Die Luciferianer in Rom. Der Diakon Hilarius und die Am-
    brosiasterfrage. Die Gemeinde in Oxyrinchus. Ihre Verbin-
    dung mit den dortigen Mönchskolonieen. Der Bischof Hera-

Seite

clidas. Die Reise des Bischofs Ephesius. Hermione und die
Gemeinde in Eleutheropolis. Der Presbyter Faustinus. Das
Edikt des Kaisers. Schluss 75

Anhang.

I. Zu den Schriften Lucifers. 97
  a. Handschriftliche Überlieferung 97
  b. Ausgaben. 99
  c. Verlorene Schriften 101
  d. Literatur 101
  e. Abfassungszeit 102
II. Zum Kanon Lucifers. 110
III. Lucifer in der Tradition der römischen Kirche . . 116
IV. Über den Verfasser der Taufrede bei Caspari,
  Quellen etc. II, p. 128—182. Abfassungszeit der Rede.
  Casparis Argumente für Lucifer. Widerlegung derselben.
  Die Einwürfe gegen den Eusebius von Vercellae. Die Gründe
  für seine Autorschaft. Das Resultat 118

Das Interesse, welches wir an der Person des Bischofs Lucifer von Calaris und dem Schisma nehmen, welches durch ihn mittelbar oder unmittelbar hervorgerufen wurde, ist ein doppeltes: einmal zeigt sich an keiner Persönlichkeit des vierten Jahrhunderts so sehr die Einseitigkeit einer auf ihr Dogma pochenden und auf jedes Räsonnement verzichtenden Orthodoxie und die trotzige, eifernde und ungemessene Opposition gegen die eigene Ziele verfolgende und eigene Wege einschlagende kaiserliche Politik; andrerseits fesselt uns die Eigenart des Schisma, welches sich als eine Modifikation des novatianischen, beziehungsweise des donatistischen darstellt, sofern in ihm die nichtkatholische Auffassung des Prädikates der Heiligkeit der Kirche auf das Verhalten gegenüber abweichenden Lehrformen übertragen wird.

Diese Gesichtspunkte werden für die Behandlung des Thema die maßgebenden sein müssen.

Insofern nun die Schicksale des Lucifer nur zum Teil mit dem Schisma in Verbindung stehen, zerfällt unsere Arbeit naturgemäß in zwei Abschnitte, deren erster die Erzählung bis zu dem Punkte führen soll, wo der Grund zum Schisma gelegt wurde, während der andere dieses selbst und seine Geschichte zum Gegenstande haben wird. Die Verknüpfung aber, in welcher unser Thema mit den großen Ereignissen der Zeitgeschichte steht, macht es nötig, einige Bemerkungen allgemeiner Natur voraufzuschicken.

Wenn die Empörung und Niederwerfung des Magnentius im Jahre 351 einen für die Gesamtverhältnisse des Reiches sehr wichtigen Charakter hat[1]), so ist sie sicherlich für die kirchlichen Verhältnisse nicht weniger wichtig geworden. Der Sieg des Constantius bedeutete die Wiedervereinigung beider Reichshälften in einer Hand und somit die Wiederherstellung eines einigen römischen Reiches, dessen Schwerpunkt nun aber noch mehr als unter Constantin im Orient lag. Es liegt auf der Hand, dass der Kaiser des Ostens die Stellung, welche er bisher seiner Kirche gegenüber eingenommen hatte, auch der occidentalischen gegenüber aufrecht erhalten musste. Die größere Basis, welche er nunmehr für seine Unternehmungen gewonnen hatte, ließ erwarten, dass er die bisher befolgte Politik noch energischer aufnehmen und in einer für das ganze Reich maßgebenden Weise durchführen würde.

Die Religions- und Kirchenpolitik des Kaisers Constantius[2]) ist die konsequente Fortsetzung derjenigen, welche Constantin der Große in den letzten Jahren seiner Regierung einzuschlagen begonnen hatte: sie trägt einen anderen Charakter deshalb, weil die innerkirchlichen Streitigkeiten den Kaiser noch mehr als seinen Vater zwangen, den Verhältnissen Rechnung zu tragen und selbst Partei zu ergreifen. Die Stellung, die er innerhalb der Parteien genommen hat, ist bedingt durch die Veränderung, welche in den Machtverhältnissen der Parteien stattgefunden hatte, durch seine eigene Erziehung und die Eindrücke, unter denen er Zeit seines Lebens gestanden hat; sie ist durchweg und kon-

---

1) v. Ranke, Weltgeschichte IV, 1. p. 15.
2) Mehr oder weniger ausführliche Charakteristiken desselben, die aber meist den Fehler begehen, den Politiker Constantius die Mängel des Menschen entgelten zu lassen, findet man bei Reinkens, Hilarius von Poitiers p. 86—99. Wietersheim-Dahn, Geschichte der Völkerwanderung I, 430. 461. Broglie, l'église etc. III, 7. 8. Richter, Geschichte etc. Cap. 2. Lasaulx, Der Untergang des Hellenismus p. 52 ff. Kölling, Geschichte der arianischen Häresie II, p. 49—56, vgl. bes. p. 55—56 (schlecht). Gwatkin, studies of Arianism p. 109 bis 111. Eine gerechte Würdigung der Politik des Kaisers geben nur Ranke's ausgezeichnete Bemerkungen, Weltgeschichte IV, 1. p. 35—63, vgl. p. 60, und vor Allem p. 102.

sequent beherrscht von dem Gedanken, an einer einheitlichen
Kirche dem römischen Staatswesen eine feste Stütze zu
schaffen.

Die Politik des Kaisers ist die Fortsetzung der constan-
tinischen: einmal, sofern sie Religionspolitik ist, in der Richtung, welche jene genommen hatte, nachdem Constantin erkannt hatte, dass ein Verharren auf dem neutralen Boden
des Mailänder Ediktes eine politische Unmöglichkeit war[1];
andrerseits — und nur damit haben wir es im Folgenden
zu thun — sofern sie Kirchenpolitik ist, spinnt sie die Fäden
fort, welche Constantin in seiner letzten Zeit allerdings nur
in der allervorsichtigsten Weise und gleichsam suchend angeknüpft hatte. Wie auch immer Constantin's Haltung zu Nicaea
zu erklären ist, so ist doch nicht zu verkennen, dass ihm
im Lauf der Zeit, und je mehr der Einfluss des Orients auf
ihn wirkte[2], zum Bewusstsein kam, dass die Entscheidung,
die er getroffen, der faktischen Lage der Dinge nicht ent-
sprach. Der überzeugten Vertreter des nicänischen Glaubens,
welche klar zu erkennen vermochten, dass sie eine neue, große
Idee vertraten, gab es im Grunde nur sehr wenige; und es
ist eine richtige Beobachtung, wenn man gesagt hat[3], dass
die Theologen im Osten wie im Westen wesentlich auf kon-
servativem Standpunkt verharrten. Wenn man aber im Westen,
indem man die Beschlüsse eines allgemeinen Concils annahm,
mochte ihre eigentliche Tragweite zunächst auch noch so
wenig erkannt werden[4], sich durch die Unterordnung unter
diese Autorität als konservativ erwies, so ward man sich im

---

1) Vgl. Brieger, Constantin der Große als Religionspolitiker
p. 23 ff.

2) Siehe hierzu die vortrefflichen Bemerkungen von Gwatkin
a. a. O. p. 89—92.

3) Gwatkin a. a. O. p. 52: if the East was not Nicene, neither
was it Arian, but conservative; and, if the West was not Arian,
neither was it Nicene, but conservative also. Vgl. auch das Folgende.

4) Dies war durchweg der Fall, mit alleiniger Ausnahme von
Hosius von Corduba (vgl. Sokr. III, 7) und Julius von Rom. Erst
der Angriff des Constantius nötigte die Occidentalen zum theologischen Nachdenken und zur dialektischen Arbeit.

Osten sehr bald über die Gefahr des Angriffs, welcher durch die nicänische Theologie auf die bisherige Lehrtradition gemacht wurde, klar, und eine energische Verteidigung erschien somit als ein Akt der Notwehr. Die mächtige Reaktion, die sich hier geltend machte, ist von großem, bestimmendem Einfluss auf die Politik des Kaisers in seinen letzten Regierungsjahren gewesen[1]). Dass er trotzdem ihr nur langsam nachgab, wird nicht zum wenigsten mit dem Interesse zusammenhängen, welches er an dem nicänischen Concil, als seinem eigensten Werke, nahm und das zu verleugnen er nicht über sich gewinnen konnte.

Ganz anders stand Constantius der ihm von seinem Vater überkommenen Aufgabe gegenüber. Jene Reaktion hatte sich immer mächtiger geltend gemacht; am Hofe von Byzanz war Eusebius von Nicomedien die einflussreichste Persönlichkeit geworden. Die grossen Tage von Nicaea hatte Constantius nicht mit Bewusstsein erlebt[2]) und konnte so kein inneres Interesse an den Beschlüssen des Concils nehmen. Erzogen an einem Hofe, wo das Wort des Kaisers Alles galt und die Bischöfe sich vor der irdischen Majestät in den Staub warfen, ist ihm das Christentum in Männern wie Eusebius entgegengetreten.[3]) Vielleicht würde eine edlere Natur sich durch das Treiben am Hofe abgestoßen gefühlt haben, wie es tatsächlich später bei Julian der Fall gewesen ist.[4]) Constantius kannte edle Regungen kaum und hat sein Leben

---

1) Dass dies richtig, beweisen nicht nur einzelne Äußerungen von Schriftstellern über ihn (vgl. z. B. Luc. Cal. pro Athan. I, p. 49, 7 Ha. (39,28 Col.), sondern die Thatsache, dass die arianisierende Partei den größten Einfluss bei Hofe erhielt. Vgl. auch Anm. 3.

2) Er war 317 geboren (Till. emp. IV, p. 171) und brachte einen grossen Teil seiner Jugend im Osten, später auch in Gallien zu.

3) Die bekannte Erzählung bei Sokr. II, 2, dass Constantius erst nach dem Tode seines Vaters durch die Intriguen jenes mysteriösen Presbyters, der auch bei der Testamentsübergabe seine Rolle spielt, für antinicänische Bestrebungen gewonnen sei, muss auf sich beruhen bleiben.

4) Auch Julian ist eine Zeitlang von Eusebius von Nicomedien erzogen worden; vgl. Amm. Marc. XXII, 9, 4.

lang die Dinge mit dem kalten Auge des Staatsmannes, dem
eine despotische Macht zu Gebote stand, betrachtet. Die
ersten Jahre seiner Regierung boten ihm wenig Gelegenheit,
selbstthätig in die kirchlichen Verhältnisse einzugreifen: fast
alle Bischöfe im Orient bekannten sich zu den am Hofe
herrschenden Ansichten.[1] Es schien, als sollte sich die
Politik der Uniformierung geistlicher und weltlicher Interessen
ohne großen Kampf vollenden. Eine schwere Niederlage
freilich erfuhr der Kaiser: sie kam aus dem Westen. Er
musste es, gedrängt von seinem Bruder Constans,[2] zulassen,
dass der vertriebene Athanasius auf seinen Bischofssitz zurückkehrte. Wie schwer er diese Niederlage empfand und
wie deutlich er in Athanasius den gefährlichsten Gegner erkannte, beweist die Geschichte der folgenden Jahre, mit der
wir uns eingehender zu beschäftigen haben werden.

In eine Krise traten die Dinge, sobald Constantius Allein-
herrscher geworden war. Den theologischen Mantel, den
seine orientalischen Bischöfe trugen, gedachte der Kaiser
auch den occidentalischen umzuhängen und dadurch seinen
Plan einer einheitlichen Reichskirche zu verwirklichen. Bei
diesen Bestrebungen stieß er auf den heftigsten Widerstand:
im Westen wollte man weder den Athanasius fallen lassen
noch den nicänischen Glauben abschwören. Es bleibt un-

---

1) Das bübische Verfahren des Bischofs Stephanus von An-
tiochien gegen die beiden Abgesandten der Synode von Sardica
(Athan. hist. arian. 20. Theodor. II, 8—10) gehörte vor das weltliche
Gericht. Die Annahme von Hefele I, p. 536. 2. Aufl., dass der Kaiser
in Folge dieser Schandthat der eusebianischen Partei eine Zeitlang sein
Vertrauen entzogen habe, wird durch die sofortige Ernennung des
Leontius zum Bischof von Antiochien in ein eigentümliches Licht ge-
stellt.

2) Die Vermutung Weingarten's, Ursprung des Mönchtums p. 23,
dass Constantius aus eigener Initiative den Athanasius zurückgerufen
habe, stützt sich nur auf des Athan. apol. ad Const., steht aber mit
den Thatsachen im Widerspruch, wie u. A. Lucif. pro Athan. I,
116,17 Ha. 91,6 Col. (hier werden sogar dem Constantius die Worte
in den Mund gelegt: sed fratris mei Constantis factum est interventu)
Socr. II, 23. Sozom. III, 20. Phil. III, 12 beweisen.

klar, wie weit der Kaiser über die Stimmung im Westen
unterrichtet war; jedenfalls hat er die nächsten Jahre hindurch mit rücksichtslosem Despotismus diesen Widerstand,
an dem sein Plan zu scheitern drohte, zu brechen gesucht.
Dennoch zwang derselbe ihn, resp. seine theologischen Be-
rater,[1] nach einer Formel zu suchen, die als Unionssymbol
dienen konnte; und diese Formel hat er schließlich in dem
ὅμοιος κατὰ πάντα, ὡς καὶ αἱ ἅγιαι γραφαὶ λέγουσιν gefunden,
wie es in der charakteristischer Weise datierten sirmischen
Formel vom 27. Mai 359 und mit geringen Veränderungen
in ihren Recensionen von Nice und Constantinopel ausgesprochen wurde. Es gelang, auf Grund dieser Formeln zunächst wenigstens äußerlich die Einheit herzustellen, und
der Kaiser mochte von der Zeit auch die innere Festigung
und Kräftigung erwarten: da ist er in der Blüte seiner Jahre
361 gestorben.

Die Geschichte hat gezeigt, dass der Weg, den Constantius zur Erreichung seines Zieles eingeschlagen hat,
nicht der richtige gewesen ist. Nicht solche rein äußerliche
Ereignisse, wie sein Tod und die Episode Julians haben
den Umschwung herbeigeführt[1]: die innere Kraft der nicänischen Sache hat ihr zum Siege verholfen. Aber ein Anderes ist es, die historische Erkenntnis aussprechen, dass
das Bekenntnis, unter welchem Constantius seine Kirche einen

---

1) Constantius selbst war ohne Zweifel theologisch interessiert
(Amm. Marc. XXI, 16, 18, der darin ein Unglück für das Reich sieht).
Wenn Gwatkin a. a. O. p. 111 meint, dass seine Dogmatik etwa die
des Acacius von Caesarea gewesen sei, so mag das richtig sein. Acacius, übrigens selbst kein überzeugter Theologe, war im Grund von
je Homöer, und nicht anders wird die Theologie des Ursacius und
Valens, die übrigens bei diesen immer im Dienste der Politik ihres
Herrn stand, geartet gewesen sein. Wie weit dem Kaiser das Christentum oder auch nur der Monotheismus Herzenssache war, ist eine Frage,
die man selbst auf Grund konventioneller Äußerungen der Frömmig-
keit (vgl. Amm. Marc. XIV, 10. XV, 8) nicht unbedingt bejahen sollte
(s. Reinkens a. a. O. p. 88). Den nutus dei coelestis oder die secunda
numinis voluntas hätte ein heidnischer Kaiser gerade so gut in Anspruch nehmen können.

wollte, nicht die Zukunft für sich hatte; ein Anderes, ihm einen Vorwurf daraus machen, dass er diese Thatsache nicht zu erkennen vermochte. Seine Politik war nicht genial, wie die seines Vaters. Sie ist darum noch nicht kleinlich zu nennen; Constantius ist »bei allen Gewaltsamkeiten, die er ausgeübt hat, doch eine große Gestalt in der Verflechtung der Ereignisse.«[1]) Mit der seinigen verglichen ist die unklare und verschwommene Politik des edlen Julian, indem sie die Gedanken des Mailänder Ediktes in eine ganz veränderte Zeit zu übertragen suchte, ein Rückschritt zu nennen; sie wäre auf die Länge dem römischen Reich verderblich geworden und hätte der christlichen Kirche keinen Nutzen gebracht.[2]) Als aber Gratian und Theodosius die Politik Constantins und seines Sohnes wiederaufnahmen, da war in den Verhältnissen ein großer Umschwung vor sich gegangen. Die Vereinigung der Nicäner mit dem rechten Flügel der arianisierenden Parteien[3]), vorbereitet durch literarische Arbeiten, zum erstmaligen Ausdruck gelangt auf dem Concil zu Alexandria 362, ist dogmenhistorisch und kirchenpolitisch betrachtet eines der wichtigsten Ereignisse in der zweiten Hälfte des vierten Jahrhunderts.[4]) Sie hat einer Periode der Unklarheit ein Ende gemacht, welche weder der christlichen Kirche noch besonders dem christlichen Leben zum Vorteil gereichen konnte. Diese Unklarheit und Zersplitterung wollte Constantius — er freilich zumeist im Interesse seines Reiches — durch sein despotisches Machtwort bannen; dass es ihm nicht gelungen ist, ist ein Beweis dafür, dass die Kraft der christlichen Lehre nicht in den von ihm zur Macht erhobenen Formen wurzelte. Ihm aber darum das Urteil sprechen,

---

1) Ranke a. a. O. p. 102.

2) Dass sie ihr momentane Erleichterung verschaffte und die im Folgenden zu erwähnende Combination ermöglichte, soll damit nicht geleugnet werden.

3) Den eigentlich so zu nennenden Homöusianern, welche von den Eusebianern der ersten Periode im Prinzip scharf zu trennen sind.

4) Vgl. darüber weiter unten Abschnitt III.

dass er dies nicht erkannte, hieße alle historischen Bedingungen seines Lebens in Frage stellen.

Die Betrachtung der Geschichte Lucifers von Calaris
wird das, was wir in diesen Zeilen nur andeuten durften,
illustrieren und für Manches den Beweis liefern. Doch da
es unsere Aufgabe ist, im Folgenden hauptsächlich die Opposition ins Auge zu fassen, auf welche der Kaiser in seinen
Bestrebungen stieß, so war es nötig, wenigstens die Grund-
züge seiner Politik im voraus kurz darzustellen.

Capitel I.

Lucifer, Bischof von Calaris.

I.

Die Geschichte der Anfänge der christlichen Kirche
auf der Insel Sardinien ist für uns in ein nicht mehr zu
erhellendes Dunkel gehüllt; und der Historiker sieht sich zu
dem Bekenntnis genötigt, dass man von Sardiniens kirchlichen Verhältnissen bis zum Beginn des vierten Jahrhunderts
so gut wie nichts weiß.[1] Es versteht sich, dass frommer
Eifer und nationale Eitelkeit hier wie überall ganze Märtyrer-
reihen erfunden haben, deren Glanz die ersten Jahrhunderte
erleuchten soll.[2] Spukt doch selbst bis in die neuesten
Werke die Erzählung, dass der berühmte Bischof Ignatius
von Antiochien auf Sardinien geboren sei[3]: man will begreiflicherweise nur ungern den einzigen bekannten Namen
missen, den dadurch die sardinische Kirchengeschichte vor
dem Auftreten Lucifers aufzuweisen hätte. Wir vermögen
aus all diesen Notizen und Legenden für die Geschichte
nicht mehr zu gewinnen als die Namen einiger Bistümer,
die möglicherweise in der vordiocletianischen Zeit existiert

---

1) Die Inschriften (vgl. Corp. inscr. latin. X) lassen uns im Stich.
Über sardinische Kirchengeschichte vgl. man das ältere Werk von
Matthaei, Sardinia Sacra. Rom 1758. Die letzte, elegant geschrie-
bene, aber völlig unkritische Darstellung findet man bei Martini,
Storia ecclesiastica di Sardegna. 3 Bde. Cagliari 1839 ff.
2) Vgl. Martini a. a. O. Buch I.
3) So noch Martini p. 23 und Note 1 ebenda.

haben. Mit Sicherheit kann man hier freilich auch nur für Calaris[1]) und Phausania[2]) eintreten, von denen das letztere bald wieder verschwindet, um nur für kurze Zeit noch einmal aufzutauchen. Erst auf einem carthaginiensischen Concil vom Jahre 484 werden einige andere Bistümer, darunter Turres, genannt.[3])

Gewiss wird schon in ältester Zeit auch in Sardinien das Christentum gepredigt und verbreitet worden sein. Bei den Schriftstellern des kirchlichen Altertums hat sich jedoch jede Spur davon verloren. Nur Hippolytus thut einmal der Insel Erwähnung[4]), doch nur bei Gelegenheit der Deportation des Kallistus, und ohne sich über die kirchlichen Zustände auszulassen. Sollte die Erwähnung der in den »Bergwerken befindlichen Brüder« bei Eusebius[5]), sich wirklich auf Sardinien beziehen, wozu indessen ein zwingender Grund nicht vorzuliegen scheint, so würde dadurch so wenig wie durch die Bemerkung des Hippolytus unsere Kenntnis der kirchlichen Verhältnisse auf der Insel bereichert werden.

---

1) Die Schreibweise Calaris ist der anderen: Caralis, welche auch handschriftliche Bestätigung hat (so in Ptolemäus-Handschriften, vgl. die Coleti in der vita Luciferi proll. p. XXXV, Note 1) vorzuziehen. Quintasius, Bischof, und Ammonius, Presbyter von Calaris, waren auf dem Concil von Arles 314 anwesend (s. Routh, Reliq. Sacr. 2. edit. Vol. IV, p. 313). Der zu Nicaea anwesende Protogenes, angeblich Bischof von Calaris, war kein sardinischer Bischof, sondern Bischof von Sardica. Vgl. Le Quien II, 301.

2) Als Bischof von Phausania wird Simplicius, Märtyrer unter Diocletian, genannt (Matth. p. 51. Martini p. 21. 33. 47. 78). Dass das Bistum alt war, bald aber wieder einging, beweist folgende Stelle aus einem Briefe Gregors I. an den Erzbischof Januarius von Calaris (bei Mansi IX, 1073; vgl. Matth. p. 117): pervenit ad nos, in loco qui intra provinciam Sardiniam Phausania dicitur, consuetudinem fuisse episcopi ordinandi, sed hunc pro rerum necessitate longis obsolevisse temporibus. Gregor wünscht die Einsetzung eines neuen Bischofs, der denn auch in der Person des Victor gefunden wird. Doch ging das Bistum sofort wieder ein. Wiltsch, Kirchliche Statistik I, hat Phausania sowohl p. 85 als an anderen Stellen übergangen.

3) Vgl. Baron. ad ann. 484.

4) Hipp. philos. IX, 12.

5) Eus. hist. eccl. IV, 23, 10.

Im Beginn des vierten Jahrhunderts war Sardinien eine der Provinzen, welche direkt dem römischen Bischof unterstanden [1]; dementsprechend wird ein Metropolit erst unter Gregor I. erwähnt [2]. Als episcopus Sardiniae wird Lucifer einmal von Athanasius [3] bezeichnet. Man könnte auf Grund dieses Ausdruckes ihm die Metropolitenstellung zuerkennen wollen; indessen kann die Bezeichnung von Athanasius, der zudem über Sardiniens kirchliche Verhältnisse gewiss nicht orientiert war, auch ganz allgemein gewählt sein [4].

Mit Lucifer von Calaris tritt nun die Kirche von Sardinien zum ersten Male in das Licht der Geschichte, freilich nur um nach seinem Tode wieder in das alte Dunkel zurückzusinken. Und Lucifer's Schicksale, soweit sie der Geschichte angehören, spielen sich doch auch durchweg auf einem anderen Boden ab. Über die erste Zeit seines Lebens wissen wir lediglich nichts. Was man darüber erzählt, ist spätere Legende [5], zu nicht geringem Teil hervorgewachsen aus der engen Verbindung, in welche ihn seine Schicksale mit dem Bischof Eusebius von Vercellae brachten. Und das ist unschwer zu verstehen: ist doch Lucifer von Calaris der einzige Name, dessen sich die sardinische Kirchengeschichte mit einigem Grund rühmen darf.

Das erstmalige Auftreten Lucifer's ist durch die

---

1) Löning, Geschichte des deutschen Kirchenrechts I, 436 ff. Man vergleiche den Brief der Synode von Sardica an Julius von Rom, in welchem der Bischof gebeten wird, die Beschlüsse der Synode den Bischöfen in Italien, Sicilien und Sardinien mitzuteilen.

2) Vgl. den oben angeführten Brief Gregors ad Januarium archiepiscopum Calar. Mansi IX, 1073.

3) Im Tomus ad Antiochenos.

4) So heißen auch die Luciferianer Gregorius von Eliberis (Elvira) und Philo einfach episcopus Hispaniae und Libyae bei Hier. chron. ad ann. 370.

5) »Es ist Alles fabelhaft, was von seiner vornehmen Abkunft aus einer alten römischen Familie, Erziehung zu Rom, Taufe u. dgl. erzählet wird und man bei dem Papebroch finden kann.« Walch, Ketzergeschichte III, 342. 343. Vgl. Papebroch in den acta sanctor. Mai. 10. Tom. V.

Vorgänge bedingt, welche jene von uns bereits angedeutete
Vereinigung der beiden Reichshälften in der Herrscherhand
des Constantius für die Kirche des Occidents zur Folge hatte.
Das gallische Provincialconcil [1]), welches im Jahre 353 zu
Arles getagt hatte, war in Allem und Jedem dem Kaiser zu
Willen gewesen. Selbst die Legaten des römischen Stuhles
hatten der Verdammung des Athanasius zugestimmt. Zwar
hatte [Liberius ihr Verfahren sofort desavouiert [2]); aber bei
der engen Verbindung, in der man zu Rom seit des Julius
Zeiten mit Athanasius stand, war es notwendig, die einmal
gegebene Zustimmung zu der Verdammung des Letzteren
durch ein Concil widerrufen zu sehen. Constantius seinerseits
wünschte nichts mehr als dem Beschluss eines Provincial-
concils durch die Bestätigung einer größeren, womöglich
allgemeinen Synode ein stärkeres Gewicht zu verleihen. So
lagen die Interessen beider Parteien diesmal in derselben
Richtung. Für den Kaiser stand dabei die Athanasiusfrage
in erster Linie; er mochte glauben, dass, nachdem sie er-
ledigt sei, seinen Einigungsbestrebungen kein Hemmnis von
Bedeutung mehr im Wege stehen würde. [3]) Liberius wünschte
mindestens ebenso sehr eine erneute Bestätigung der nicänischen Beschlüsse, die freilich dem Verfahren gegen [den Athanasius sofort ein Ende gemacht haben würde. [4]) Er betrieb
die Berufung eines Concils so viel als möglich und sandte
zum Zweck der größeren Beschleunigung eine Gesandtschaft
an den Kaiser, welche noch vor dem Frühjahr 354 in Arles

---

1) Sulp. Sev. II, 39, 2: ceterum a nostris tum apud Arelatem
— — concilia fuere.

2) Vgl. seine Briefe an Hosius von Corduba und Caecilian von
Spoleto bei Hilar. fragm. VI, 2. Migne X, 688. .

3) Zu Arles waren dogmatische Fragen gar nicht zur Sprache
gekommen, wie die Gegner meinten, weil man es nicht wagte. Vgl.
Sulp. Sev. II, 39, 3: Valens sociique eius prius Athanasii damnatio-
nem extorquere cupiebant, de fide certare non ausi.

4) Vgl. seinen Brief an den Kaiser Cap. 6 bei Hilar. fragm.
V, 4. Migne X. 686.

eingetroffen sein muss, da sie den Constantius noch antraf.[1] Kriegsunruhen machten es jedoch unmöglich, eine Synode für 354 zu berufen, und so ist die Synode von Mailand erst im Jahre 355 zusammengetreten.[2]

Lucifer von Calaris hatte jene Gesandtschaft nach Arles, der sich auch Eusebius von Vercellae und Fortunatian von Aquileja auf Bitten des römischen Bischofs angeschlossen hatten, geführt. Er war es, den Liberius mit dem Presbyter Pancratius und dem Diaconen Hilarius dazu ersah, den apostolischen Stuhl auch auf der neu berufenen Synode zu vertreten. Er hätte nicht leicht einen energischeren, aber auch eigensinnigeren Legaten wählen können; und wie die Dinge einmal lagen, war es wohl zu erwarten, dass gerade diese Eigenschaften auf dem Concil ihre Dienste leisten würden.

Die Geschichte des Concils von Mailand ist in den Einzelheiten verworren und verdunkelt. Aus den Berichten geht aber so viel klar hervor, dass die Synode in beinahe einzigartiger Weise unter kaiserlichem Druck gestanden hat und in gewissem Sinne die Bezeichnung »Räubersynode« ebenso verdienen würde wie die spätere berüchtigte Synode zu Ephesus vom Jahre 449, mit der sie außerdem die öcumenische Berufung gemeinsam hat. Allerdings sind die Angaben über die Zahl der Bischöfe, welche ihr thatsächlich beigewohnt haben, sehr schwankend und jedenfalls zu hoch gegriffen. Socrates und mit ihm Sozomenos[3], denen Hefele

---

1) Im Frühjahr ging Constantius an den Rhein. Vgl. Amm. Marc. XIV, 10, 2.

2) Gwatkin a. a. O. setzt in seiner chronologischen Tabelle auf p. XXIV die Synode in den November 355. Seine Bemerkungen auf p. 292 würden doch auch Juli und August freilassen, während welcher Monate sich der Kaiser meist in Mailand aufhielt.

3) Socr. II. 36. Soz. IV, 9 geben einen kurz resumierenden Bericht über das Concil, den sie dem Rufin I, 20 entnehmen, wobei aber Sozomenos den Rufin selbständig eingesehen hat (vgl. über die Art der Benutzung des Rufin durch Sozomenos Jeep, Quellenuntersuchungen zu den griechischen Kirchenhistorikern p. 145, der indessen unsere Stelle nicht anführt). Rufin hat die Zahl 300 nicht, und Sozomenos hat sie aus Socrates abgeschrieben. Welche Quelle der Letz-

folgt[1]), behaupten, dass aus dem Orient zwar nur wenige, aus dem Occident dagegen etwa 300 Bischöfe anwesend gewesen seien. Das aber ist ohne historische Begründung; es ergiebt sich vielmehr aus dem Briefe des Constantius an den Eusebius von Vercellae, in welchem dieser dringend aufgefordert wird, noch auf der Synode zu erscheinen, dass überhaupt nur wenige Bischöfe anwesend gewesen sind. [2]) Zu einem ziemlich sicheren Resultate würden wir kommen, wenn wir die alte uns von Baronius[3]) mitgeteilte Liste der Bischöfe, welche das Verdammungsurteil des Athanasius unterschrieben, als ein unbezweifeltes Dokument verwenden könnten. Sie hat das Präjudiz der Echtheit.[4]) Freilich will sie nur die in den ersten Tagen des Concils anwesenden

---

tere für seine Notiz hatte, ist mit Sicherheit nicht mehr zu ermitteln. Man könnte versucht sein, in der συναγωγή τῶν συνόδων des Sabinus, welche gleichfalls diese Periode behandelte, die Quelle zu finden. Socrates hat sie auch sonst benutzt (vgl. Jeep. a. a. O. p. 114 ff. Harnack bei Herzog XIV, p. 407). Indessen ist nicht sicher, ob diese Schrift überhaupt über abendländische Synoden referierte; und Spuren davon müssten sich häufiger finden. Vielleicht ist die Angabe als runde Zahl zu fassen, wobei zu beachten wäre, dass bei Gelegenheit des Concils von Sardica Socrates gleichfalls behauptet, dass 300 Bischöfe anwesend gewesen seien, während doch Athan. hist. arian. cap. 15 die Zahl nur auf 170 angiebt. Valesius sucht sich in seiner Anmerkung zu der Stelle des Socrates damit zu behelfen, dass er statt τριακόσιοι τριάκοντα liest. Das käme dem wahren Sachverhalte allerdings nahe, ist aber willkürlich, zumal die Zahl bei Sozomenos wiederkehrt, dieser also nicht τριάκοντα gelesen haben kann.

    1) Hefele I, 654, 2. Aufl.
    2) Bei Mansi III, 238: pauci de singulis provinciis venientes.
    3) Baron. ad ann. 355 nr. XXII.
    4) Bei den Namen der Bischöfe sind die Sitze und nur etwas mehr als die Hälfte können wir ficieren. Von diesen können wir aber ohne Ausna sie wirklich in Mailand gewesen sind. Dazu offenbar nicht ganz korr gegeben. E ist wahrscheinlich unter rbringer genannten Eustomius vgl. Bar fallend ist, dass sich von A findet, wenn auch sein uns

Bischöfe nennen; wir wissen aber auch nicht, dass außer
Eusebius von Vercellae noch andere sich später eingefunden
hätten. Die Liste führt nur 30 Bischöfe auf: Lucifer fehlt;
er hatte die Verdammung des Athanasius nicht unterschrieben. Nicht unwichtig ist endlich die Angabe des über Einzelheiten allerdings nicht genau orientierten Athanasius [1]), dass
der Kaiser viele Bischöfe in den einzelnen Städten durch
die Magistrate habe zur Unterschrift zwingen lassen. Darin
liegt, dass eben eine Reihe von ihnen dem Concil fern geblieben waren. Die Zahl der Occidentalen wird die der Orientalen nur um ein geringes überwogen haben.

Wie zu Arles haben auch zu Mailand die Bischöfe gleich
bei Beginn der Synode dem Ansinnen des Kaisers, das Urteil über den Athanasius zu sprechen, beziehungsweise zu
bestätigen, gewillfahrtet. Wir erfahren nicht, dass sie dabei
besonderen Widerstand geleistet hätten. Nur Lucifer und
seine beiden Begleiter beharrten standhaft bei ihrer Weigerung. Dem Kaiser aber schien das Votum der Synode nicht
gewichtig genug, so lange nicht Eusebius ;von Vercellae, trotz
des Bischofs von Mailand der angesehenste Prälat in Oberitalien, ihm beigestimmt hatte. An ihn erging nun ein Schreiben derjenigen Bischöfe, welche den Athanasius verurteilt
hatten [2]), und ein Brief des Kaisers selbst, der mehr oder
weniger eine Drohung war für den Fall der Weigerung zu
erscheinen [3]). Auch Lucifer verfasste einen Brief, der voll
heiligen Zornes ist über die Umtriebe der Arianer und des
Teufels: wie durch die Ankunft der Apostel Simon gestürzt
worden sei zum Ruhme Gottes, so werde des Eusebius An-

---

1) Hist. arian. 31. Ich benutze die Historia Arianorum unbedenklich als ein Werk des Athanasius, so lange Weingarten, der ihre Echtheit bezweifelt (bei Herzog X, 771) für seine Ansicht nichts weiter
vorzubringen vermag, als dass sie von Athanasius in der dritten Person spricht.

2) Bei Baron. ad ann. 355 nr. VI.; abgedruckt bei Mansi III, 236.

3) Mansi III, 238.

kunft den Sturz des Valens bewirken und alle Künste der
Arianer vereiteln. [1]

Eusebius kam und jetzt erst gelangte der Streit der
Interessen zum vollen Ausbruch. Der Bischof, den man
übrigens erst nach zehn Tagen[2] an den Verhandlungen teil-
nehmen ließ, weigerte sich entschieden, sich über irgend
eine andere Forderung zu erklären, so lange das nicänische
Glaubensbekenntnis nicht sicher gestellt sei. Dem Kaiser
lag daran, zunächst seine Zustimmung zu der Verurteilung
des Athanasius zu erhalten; schließlich kam Alles darauf
an, wie man zu diesem Stellung nahm. Hilarius[3] hat es
uns anschaulich geschildert: wie Dionysius von Mailand das
von Eusebius der Synode vorgelegte Bekenntnis zu unter-
schreiben im Begriff steht, entreißt ihm Valens von Mursa
das Papier mit drohenden Worten: nichts Derartiges dürfe
jetzt geschehen.

Der Widerstand, den bisher nur Lucifer und die beiden
Römer geleistet hatten, hatte nun in der Person des Eusebius
größere Bedeutung erhalten. Constantius erkannte, dass
dadurch die kaum errungenen Erfolge wieder sehr in Frage
gestellt wurden: er beschloss, rücksichtslos einzugreifen. Es
geschah das Unerhörte, dass gegen die widerspänstigen Bischöfe im Palaste des Kaisers einfach auf gerichtlichem Wege

---

1) Luc. opera 319 (1). Im Folgenden citiere ich die Werke des
Lucifer nach der neuen Ausgabe von Hartel. Die in Klammern gesetzten Zahlen beziehen sich auf die Ausgabe der Coleti. Mansi III, 237.

2) Hilar. ad Const. I, 8. Warum, vermögen wir nicht mehr zu
sagen. Hefele I, 655 meint, es sei noch über die Absetzung des
Athanasius verhandelt worden; das aber war bereits vor der Ankunft
des Eusebius geschehen.

3) Hilar. ad Const. Aug. I, 8. Migne X, 562. Leider bricht der Bericht an der. interessantesten Stelle ab. Auch andere Gründe lassen
vermuten, dass das Buch nicht vollständig erhalten ist. Über die Zeit
der Abfassung schwanken die Ansichten. Hilarius war nicht Augen-
zeuge der erzählten Vorgänge: darum ist sein Bericht nicht lücken-
los. So erwähnt er nichts von der durch Luc. pro Athan. II, p. 161,29
(128,14) und Sulp. Sev. II, 39 bezeugten Verdammung des Athanasius
durch Dionysius von Mailand.

verfahren wurde. Lucifer selbst verdanken wir einige ab-
gerissene Notizen über die nun folgende Scene [1]): Der Kaiser
saß hinter herabgelassenem Vorhang, [2]) eine Form der Verhandlung, welche nur bei schweren Verbrechen angewendet
wurde. [3]) Er saß dort als weltlicher Richter [4]): als Auf-
rührer betrachtete er die beiden Bischöfe. Noch waren
Fragen des Glaubens direkt nicht zur Verhandlung gekommen: die Verurteilung des Athanasius galt dem Kaiser
als eine Sache, die er von seinen Unterthanen verlangen
konnte. Er selbst, soll er geäußert haben, sei der Ankläger
des Athanasius. [5]) Sein Wille allein habe zu gelten; [6]) nur
ihm habe man zu gehorchen. Dem gegenüber blieben die
Bischöfe standhaft und fest. Lucifer besonders ist ihm kühn,

---

1) Luc. moriend p. 285, 28 ff. (239, 18 ff.); 291, 19 ff. (244, 20 ff.).

2) Vgl. Lucifer a. a. O. p. 285, 28 ff. (239, 18 ff.) sed perspicis,
in tuo palatio intra velum licet stans tulisti responsum a me — —.
p. 291, 19 (244, 20) non retines, Constanti, dixisse me iudicibus, te
velo misso audiente — —.

3) Vgl. constit. apost. II, 52 (und die Anm. von Cotelerius): sed
pluribus diebus cum multa consultatione et interjecto velo inqui-
runt de crimine. Vgl. auch Basil. epist. 79 gegen Schluss: οἱ τοῦ κόσ-
μου τούτου ἄρχοντες, ὅταν τινὰ τῶν κακούργων θανάτῳ καταδικάζειν μέλ-
λωσιν, ἐφέλκονται τὰ παραπετάσματα — —. Siehe auch die acta
des Patricius bei Mazochius, in vet. marm. calend. commentarius
p. 384 (Neapel 1744—1755): ad vela quod attinet ea non nisi gra-
vioribus in causis obducebantur; nam leviores levato velo cogno-
scebantur.

4) Dass er die ganze Angelegenheit als eine vor das weltliche
Forum gehörige behandle, ist auch der Hauptvorwurf, den Athanasius
dem Kaiser macht. Vgl. hist. arian. 76: οὐ γὰρ ῥωμαϊκή ἐστιν ἡ κρίσις,
ἵν' ὡς βασιλεὺς πιστευθῇς, ἀλλὰ περὶ ἐπισκόπου ἐστὶ τὸ κρίμα.

5) Hist. arian. cp. 76.

6) ibid. cp. 33: ἀλλ' ὅπερ ἐγὼ βούλομαι, τοῦτο κανών. Gwatkin
a. a. O. p. 148. Note 1 meint, man dürfe diesen und ähnliche Aus-
sprüche, wie sie dem Kaiser besonders von Athanasius und Lucifer
in den Mund gelegt werden, nicht wörtlich nehmen. Aber sie sind
doch alle im höchsten Maße charakteristisch und auf den Wortlaut
kommt es am Ende nicht an. Dass dem Lucifer die Einzelheiten
jener Scene zu Mailand, die ihm, wie wir sehen werden, einen besonders tiefen Eindruck gemacht hat, nach wenigen Jahren noch gegen-
wärtig waren, ist zudem nicht auffallend.

aber auch mit der ganzen Schroffheit, die ihn bezeichnet,
entgegengetreten: »und wenn du befohlen hättest, dass alle
deine Soldaten uns mit deinen Machtgeschossen überschüt-
teten, uns, die wir deine Blasphemieen verabscheuen, die wir
deine gotteslästerlichen Beschlüsse verachten, wir würden
keinen Schrittbreit gewichen sein«.[1]) War doch selbst die
Rechtsfrage keine ganz zweifellose: wie konnte der Kaiser
einen Angeklagten ungehört verdammen?[2])

Dem Kaiser blieb nichts Anderes übrig als zu dem radi-
kalsten Mittel zu greifen: er sprach über Eusebius und Lucifer das Verbannungsurteil. Nun erst ließ er durch
seine Hofbischöfe vom Palast aus ein Edikt ergehen,[3]) von
dem wir leider nichts wissen, als dass es »aller Schändlich-
keiten voll«[4]) gewesen ist und vom Volk, als es in der Kirche
verlesen wurde, mit Missfallen aufgenommen wurde. Der
Bischof von Mailand, der doch die Verdammung des Athanasius unterschrieben hatte, weigerte diesem Edikte seine
Zustimmung und wurde gleichfalls mit der Verbannung be-
straft. Ein gleiches Schicksal erfuhr Rhodanius von Tolosa.[5])

---

1) Luc. moriend. p. 291, 19 ff. (244, 20 ff.)» non retines, Constanti, dixisse me iudicibus te velo misso audiente, quod licet totum
militem in nos decrevisses iacere regni tui tela, in nos exsecratores
blasphemiae tuae ut in sacrilegi tui decreti contemptores omnia sua
conliderent arma, nec sic tamen quod possemus a proposito recedere.

2) Athan. hist. arian. 76: εἰ γάρ σου κατήγορος εἶ, ἀλλ' ἐκεῖνος μὴ
παρὼν οὐ δύναται κρίνεσθαι. Dieser Zweifel ist es vor Allem, welchem
Lucifer in den Büchern de Athanasio Raum giebt.

3) Sulp. Sev. II, 39 giebt über diese Vorgänge die besten Nachrichten, wenn auch selbst hier Manches dunkel bleibt. Dass die epistola vom Palast ausging, deutet auch Hilar. ad Const. I, 8 an: verentes
igitur illi (sc. Valens etc.) populi iudicium e dominico ad palatium
transeunt.

4) Sulp. Sev. a. a. O.: epistola omni pravitate infecta. Vielleicht
war es schon ein homöisch klingendes Glaubensbekenntnis, was den
Bischöfen aufgedrungen werden sollte. Auf dieses Edikt ist bei Luc.
non conv. 19, 4 (17, 2) angespielt in den Worten: edictum, in quo
omnia venena tuae haeresis continentur.

5) Vgl. libellus precum des Faustinus und Marcellinus cp. 7.

Die übrigen Bischöfe scheinen auch dies Edikt gebilligt zu haben.

Das Concil von Mailand, dem man, da es für die Entwicklung der christlichen Lehre resultatlos blieb, gewöhnlich nur geringe Aufmerksamkeit schenkt, ist doch darum nicht unwichtig, weil es gewissermaßen das Prototyp für die Synoden der folgenden Zeit ist. Wenn es auf den anderen nicht in der gleichen gewaltsamen Weise zugegangen ist, so lag das daran, dass der Kaiser nicht überall einen so energischen Widerstand zu brechen hatte. Im Übrigen aber kann man doch da nicht von einer eigentlichen Synode reden, wo einfach kaiserliche Befehle in Glaubenssachen vorgelegt und diejenigen, die die Annahme weigern, kurzer Hand abgesetzt und in die Verbannung geschickt werden. Ihren Höhepunkt erreichte freilich diese Art des Formelmachens im kaiserlichen Cabinet in der sirmischen Formel vom 27. Mai 359,[1] und die Art, wie der Kaiser seine Befehle vorlegte, in dem Anschreiben zur Synode von Ariminum.[2]

Am charakteristischsten für diese Periode ist aber das Verfahren, sich der Gegner einfach durch das Mittel der Verbannung zu entledigen, welches zu keiner Zeit so häufig wie in den wenigen Jahren der Alleinherrschaft des Constantius zur Anwendung gekommen ist. Das Loos der so Verbannten war keineswegs immer ein leichtes. Es ist als ein Ausnahmefall anzusehen, wenn dem Hilarius von Poitiers, der bald nach dem Concil von Mailand verbannt ward, gestattet wurde, frei herumzureisen.[3] Eusebius

---

1) Schon die Datierung kennzeichnet sie als eine kaiserliche Cabinetsordre. Athanasius hat aus diesem Umstande in der Schrift de synodis Vorteil zu ziehen gewusst.

2) Bei Hilar. fragm. VII. Migne X, 696: quae cum ita sint, adversus orientales nihil statuere vos oportet: aut si aliquid volueritis contra eosdem praedictis absentibus definire, id quod fuerit usurpatum, irrito evanescet effectu. Non enim illa vires habere poterit definitio, cui nostra statuta testantur iam nunc robur et copiam denegari.

3) Das Verfahren gegenüber dem Hilarius, der als Verbannter mit kaiserlicher Erlaubnis sogar der Synode von Seleucia beiwohnte

von Vercellae und Lucifer von Calaris traf ein härteres Loos.
Nicht nur, dass sie nach kaiserlichem Gutdünken von einem
Ort zum anderen geschleppt wurden : sie hatten auch unter
der Feindschaft der Bischöfe und kaiserlichen Beamten an
den einzelnen Plätzen zu leiden. Von Beiden ist es wahrscheinlich, dass sie im Kerker gefangen gehalten wurden.
Wenigstens muss man das dem Brief des Eusebius an seine
Gemeinde[1]) und einigen Äußerungen des Lucifer[2]) entnehmen. Zwar werden wir sehen, dass deren Härte durch
das Benehmen der Verbannten in etwas entschuldigt wird;
aber schon die strenge Absperrung von der Außenwelt und
dem Verkehr mit den Freunden und Gesinnungsgenossen
war eine harte Maßregel.[3]) Manch trefflichen Mannes Mut
mag so gebrochen sein; Eusebius und Lucifer haben allen
Feindseligkeiten und Widerwärtigkeiten Trotz geboten.

Die spärlichen Notizen, die wir über die Verbannungs-
jahre des Lucifer besitzen, machen es unmöglich, eine
Geschichte seiner Schicksale im Exil zu schreiben. Es wird
von seinen späteren Anhängern, den Presbytern Faustinus
und Marcellinus, an zwei Stellen[4]) bestimmt behauptet, dass
Lucifer während seiner Verbannung an vier verschiedenen
Orten gelebt habe: aber es ist unmöglich, hierfür den Nach-

---

und später in Constantinopel (vgl. Sulp. Sev. II, 45) mit Auszeichnung
behandelt wurde, steht allein da.

1) Bei Gallandi V, 79. Migne XII, 947 ff. Eusebius musste den
Ort seines Exils dreimal wechseln. Er ward zunächst nach Cappa-
docien geschickt (Hieron. cat. 96), dann nach Skythopolis (vgl. den
oben citierten Brief), endlich nach Oberägypten (Socr. III, 5. Soz.
V, 12). Der Brief an den Gregorius von Eliberis bei Hilar. fragm.
XII (Migne X, 713) ist e tertio exilio geschrieben.

2) Vgl. non. conv. p. 12, 18 (11, 22): propterea in exilio sumus,
propterea in carcere necamur, propterea nobis solis prohibetur con-
spectus; idcirco reclusi in tenebras custodimur ingenti custodia.

3) Eusebius, Hilarius, Liberius klagen darüber, dass sie keine
Briefe erhalten und dass man ihnen Besuche anzunehmen verbiete.
Vgl. auch Lucif. a. a. O.

4) Faust. et Marc. libellus precum cp. 16: Lucifer de quarto
exilio Romam pergens. cp. 25: in ipsis quoque quatuor exiliis.

weis zu liefern. Papebroch[1]) und Matthäi[2]) haben freilich
auf Grund dieser Stellen die Annahme gemacht, es möchte
Lucifer, bevor er nach Germanicia kam, sich eine kurze Zeit
in Cappadocien aufgehalten haben. Sie vermögen diese Vermutung so wenig zu beweisen, wie Walch[3]) für seine Meinung, dass der Bericht der Presbyter vielleicht Antiochien
als den vierten Verbannungsort bezeichne, etwas Scheinbares
vorzubringen vermag. Wir müssen daher bei der Annahme
stehen bleiben, dass Lucifer zuerst nach Germanicia in
Commagene verbannt wurde. Dies giebt er uns selbst an
die Hand, wenn er bei der Erwähnung des Eudoxius, Bischofs
von Germanicia, hinzufügt: ad quem me destinasti.[4]) Eudoxius
aber ward spätestens um die Jahreswende 357/58 Bischof
von Antiochien.[5]) Die Worte Lucifer's scheinen besagen zu
können, dass Eudoxius sich zu der Zeit, als Lucifer nach
Germanicia gesandt wurde, in seinem Bistum aufhielt: dann
würde also der Verbannte mit dem ihm besonders verhassten
Manne in persönliche Berührung gekommen sein, und die
Art und Weise, wie er des von ihm nur Adoxius genannten
Bischofs[6]) in seinen Schriften gedenkt, unterstützen diese
Vermutung. Aber Eudoxius war wahrscheinlich in Mailand;
wir hören ferner, dass er direkt von Rom, wo er sich (doch
mit dem Kaiser zusammen April und Mai 357)[7]) aufhielt,

---

1) Acta sanctorum Mai 20 Lucifer cp. I, nr. 8.

2) Matthaei a. a. O. p. 73.

3) Walch a. a. O. III, 346.

4) Vgl. de Athan. I, p. 65.

5) Den Tod des Leontius, Bischofs von Antiochien, datiert Gwatkin a. a. O. p. 153, Note 2 auf den Sommer 357 (Salmon im D. Chr.
Biogr. zu spät auf Anfang 358). Die Combination mit der p. 22 Note 1
erwähnten Stelle bei Socrates II, 37 bestätigt die Datierung Gwatkins.
Danach wäre Leontius im Mai 357 gestorben. Denn schon im Mai
kehrte Eudoxius von Rom nach Syrien zurück. Andererseits wissen
wir, dass Eudoxius bereits im Sommer 358 wieder verbannt ward;
vgl. darüber die Bemerkungen zur Schrift de Athanasio im Anhang I.

6) Vgl. die Stellen Athan. I, p. 81,4 (65, 1); 117, 20 (92, 6).
moriend. p. 306, 12. 14 (258, 2. 3). Er nennt ihn nie Eudoxius.

7) Gwatkin a. a. O. p. 292.

nach Antiochien geeilt sei, um sich in Besitz des erledigten Bischofsstuhles zu setzen. Er ist damals gar nicht nach Germanicia zurückgekommen. [1]) Eudoxius gehörte zum äußersten Flügel der homöischen Partei; er war nach Allem, was wir von ihm wissen, ein Mann von unedlem Charakter, ohne wirkliche theologische Überzeugung, aber auch ohne religiöses Gefühl, ausgezeichnet durch Taktlosigkeit; [2]) und begreiflich ist es daher, dass Lucifer, auch ohne ihn näher kennen gelernt zu haben, die tiefste Verachtung gegen ihn empfinden musste.

Als zweiter Verbannungsort wird uns Eleutheropolis in Palästina genannt, [3]) und hier macht uns wiederum der Bericht des Faustinus und Marcellinus möglich, wenigstens einen oberflächlichen Einblick in die Verhältnisse zu gewinnen. [4]) Zu Eleutheropolis war Eutychius Bischof, ein Mann, von dem man sagte, dass er im Herzen Nicäner gewesen sei und nur durch persönliche Animosität gegen Cyrillus, den jüngst erwählten Bischof von Jerusalem, sich auf die Seite des Acacius von Caesarea, d. h. auf die der homöischen Partei, habe drängen lassen. [5]) Wir erfahren nun, dass es zwischen ihm und Lucifer zu Collisionen gekommen ist. Der Letztere hatte augenscheinlich versucht, priesterliche Funktionen und zwar in seinem Hause auszuüben, und der Bischof, der sol-

---

1) Socr. II, 37 init. περὶ γὰρ τόνδε τὸν χρόνον Λεοντίου τελευτήσαντος Εὐδόξιος Γερμανικείας ἐπίσκοπος ὤν — — κατὰ τὴν Ῥώμην τότε παρών, ἐπείγεσθαι σκέπτεται καὶ τῷ βασιλεῖ δολίως διαλέγεται, ὡς χρῃζούσης τῆς Γερμανικέων πόλεως παραμυθίας καὶ φυλακῆς, συγχωρηθῆναι αὐτῷ ταχεῖαν ἐπάνοδον. οὐδὲν δὲ ὁ βασιλεὺς προειδόμενος ἀφίησιν αὐτόν. ὁ δὲ τοὺς τοῦ κοιτῶνος κρατοῦντας ἔχων συνέργους τὴν Ἀντιοχείας ἐπισκοπὴν ὑπορύξας τὴν ἑαυτοῦ πόλιν ἀπέλιπεν.

2) Vgl. über Eudoxius vornehmlich Hilar. c. Const. 13; die dort erzählte Geschichte liefert den Beleg für das oben Gesagte. Ähnlich Socr. II, 43. Soz. IV, 26. Philost. IV, 4 ff. Im hohen Maße charakteristisch für ihn ist das Glaubensbekenntnis, welches Caspari, Alte und neue Quellen etc. (1879) auf p. 179/181 abgedruckt und p. 176/185 erläutert hat.

3) Hier. catal. 95. libell. prec. 30.

4) libell. prec. cp. 30. 31.

5) Epiph. LXXIII, 23 ff.

ches Conventikelwesen im Interesse seiner Gemeinde, aber auch im Namen des Kaisers nicht dulden durfte, ist scharf dagegen vorgegangen. Die rohe Gewalt, mit der er dabei verfuhr, war in jenen Zeiten nichts Außergewöhnliches, aber sie ist bezeichnend für die Situation: man schlug die Thür des Hauses mit Beilen ein und misshandelte die bei der heiligen Handlung Anwesenden auf das Schimpflichste. Ja, die Altargefäße und die heiligen Schriften nahm der Bischof fort und suchte auf diese Weise seinen Gegnern die Möglich-keit, Gottesdienst zu halten, völlig zu nehmen. [1] Dennoch scheinen die Separationen fortgedauert zu haben, und wir werden an anderer Stelle noch einmal darauf zurückkommen müssen. [2] Es ist uns nicht bekannt, welche Verhältnisse die Entfernung Lucifer's aus Eleutheropolis und seine Transpor-tation nach der Thebais [3] angemessen erscheinen ließen. Vielleicht war es eine Folge der erwähnten Reibereien mit dem Eutychius. Hier nun hat er sich aufgehalten, bis die Nachricht von dem Tode des Constantius und bald darauf von dem Edikt des Julian eintraf, welches allen verbannten Bischöfen die Rückkehr zu ihren Gemeinden freistellte.

Während der Jahre aber, die Lucifer in der Verbannung verbrachte, hat er eine Reihe von Schriften verfasst, die wir, bevor wir in der Erzählung fortfahren können, einer näheren Prüfung unterwerfen müssen.

---

1) Die Presbyter behaupten ihren Bericht von Leuten empfangen zu haben, welche sich der wilden Scene noch wohl erinnerten. Die-selbe wird lebhaft geschildert: negent, si non inter cetera sua atrocia ianuam clausam securibus effregerunt: si non irruentes in Luciferum fidelissimum sacerdotem divina quoque sacramenta verterunt, unum-quemque illic de his fratribus qui convenerant impia caede mulantes. Negent, si non hodie sancta mystica vasa, quae tunc impie Lucifero diripuerunt, cum sacris codicibus possident.

2) Die Notiz, dass Lucifer in Eleutheropolis mit dem Eusebius zusammengetroffen sei und dass beide von Eutychius schlecht behan-delt worden seien (E. V[enables] im D. Chr. Biogr.), muss auf einem Irrtum beruhen. Eusebius war nach Skythopolis verbannt, hatte dort freilich vom Bischof Patrophilus Ähnliches, ja Schlimmeres zu leiden als Lucifer. Vgl. den Brief an seine Gemeinde bei Migne XII, 948 ff.

3) Socr. III, 5. Soz. V, 12. Theod. III, 2.

II.

Es besteht kein Streit darüber, dass die uns erhaltenen,
an den Kaiser Constantius gerichteten Schriften Lucifer's
sämmtlich während der Zeit seiner Verbannung, d. h. in
den Jahren 356—361 abgefasst wurden. Nur über die nähere
Datierung der Abfassungszeit gehen die Meinungen weit auseinander, und ein gesichertes Resultat ist hierüber so wenig
zu erzielen wie in Betreff der Reihenfolge, in welcher die
einzelnen Bücher geschrieben wurden. [1]) Ihre Titel sind de
non conveniendo cum haereticis, de regibus apostaticis, de
Athanasio I. II., de non parcendo in Deum delinquentibus,
moriendum esse pro Dei filio. [2]) Veranlasst sind sie durch
die schlimmen Erinnerungen, die sich für den Verfasser an
das Concil von Mailand knüpfen, durch die ungerechte Behandlung, die er und andere Bekenner des rechten Glaubens
zu erdulden gehabt, durch die ungerechte Verdammung des
Athanasius. Sie sind demnach im eigentlichen Sinne Gele-
genheitsschriften.

Danach bestimmt sich der Standpunkt, den wir
ihnen gegenüber einzunehmen haben. Lucifer schrieb nicht
für ein größeres Publikum, nicht in der Absicht, seine Ideen
auf schriftstellerischem Wege in weitere Kreise zu bringen.
Wie er durchweg den Kaiser direkt anredet, so zeigt auch
der Inhalt der Bücher, dass sie ihren Zweck erfüllt haben,
wenn der Kaiser, dem Lucifer sie übersandte, sie gelesen
oder doch von ihnen Notiz genommen hatte. Somit war das
Interesse, welches den Verfasser leitete, kein theologisches;
er war auch kein agitatorisches, insofern er durch seine
Schriften nicht direkt zum Widerstand gegen den Feind auf-
rufen wollte. Es war lediglich ein provokatorisches, und
zugleich, im Sinne des Verfassers, ein paränetisches: dem

---

1) Über die Schriften Lucifers: Ausgaben, Literatur, Abfassungszeit, sowie über vielleicht verloren gegangene Schriften vgl. Anhang I.

2) Der Kürze wegen werden sie im Folgenden citiert werden
als: non conv., reg. apost., Athan. I. II., non parc., moriend.

Kaiser wollte Lucifer eine Liste seiner Schandthaten vorhalten, ihm zeigen, dass er auf abschüssigem Wege sich befinde und dass er nur durch schleunige Umkehr seine Seele retten könne. [1])

Es sind diese Schriften also nicht als Literaturerzeugnisse im strengen Sinne des Worts zu betrachten, und man thut dem Verfasser Unrecht, wenn man sie unter diesem Gesichtspunkt behandelt. Sie sind Pamphlete, wenn anders leidenschaftliche Gereiztheit des Tones, polternde Sprache, eine Fülle von über den Gegner ausgegossenen Schmähungen ohne systematische Darlegung des eigenen Standpunktes und ohne planmäßig verfahrende Widerlegung der gegnerischen Ansichten Kennzeichen eines solchen sind. Wir verstehen es, dass der Kaiser, als er die ersten erhalten hatte, durch seinen Kammerherrn Florentius ausdrücklich bei Lucifer anfragen ließ, ob er wirklich der Verfasser dieser Schmähschriften sei, welche Frage der Verbannte mit Stolz bejahte. [2]) Dennoch hielt der Kaiser nicht für angemessen, der direkt ausgesprochenen Bitte um das Todesurteil nachzugeben. Ihm mochten diese Schriften gerade wegen ihres übertriebenen Tones als ohnmächtig erscheinen.

Als solche Pamphlete würden sie kaum eine längere Besprechung verdienen, wenn sie uns nicht einen Einblick verschafften in den Geist ihres Urhebers und seine Stellung zu den schwebenden Fragen; sie sind aber auch insofern von zeitgeschichtlichem Interesse, als sie zeigen, wie gerade in der Periode der rücksichtslosesten Übergriffe der kaiserlichen Macht in die Sphäre der kirchlichen Entwicklung Schriften gezeitigt wurden, welche den denkbar schroffsten Ausdruck der Opposition gegen diese Bestrebungen bilden. Nach diesen Seiten sollen sie in den folgenden Zeilen charak-

---

1) Hartel, Lucifer von Cagliari und sein Latein (Archiv für lateinische Lexikographie von Wölfflin III, p. 1 ff.) meint p. 2: »seine Rede ist Predigt, welche die Masse haranguiert«. Aber die Predigt ist nur für den Kaiser bestimmt.

2) Der betreffende Briefwechsel ist uns erhalten und in den Werken des Lucifer p. 321/22 (168) abgedruckt.

terisiert werden, nachdem wir sie nach Form und Inhalt
kennen gelernt haben werden.

Was die Form betrifft, so hat Lucifer selbst an mehre-
ren Stellen bemerkt, dass seine Bücher nicht den Anspruch
erheben wollen, in guter und gewandter Sprache geschrieben
zu sein. Er selbst bekennt sich dazu, in der Sprache des
Volkes zu schreiben, ja, er setzt seine Ausdrucksweise in
direkten Gegensatz zu der der Gebildeten, als habe er be-
fürchtet, dass mit dem feineren Gewand die innere Wahrheit
und Reinheit verloren gehen werde. [1] Der Wortschatz ist
dementsprechend großenteils der Vulgärsprache entnommen
und außerdem vielfach an der vorhieronymianischen Bibel-
übersetzung gebildet. [2] Der Satzbau ist durchweg ein unbeholfener: es ist, als hätte der Verfasser absichtlich keinen
Wert darauf gelegt, als habe er geschrieben, wie ihm die
Gedanken in die Feder kamen, unbekümmert um ihren logi-
schen Zusammenhang, um ihre stilistische Färbung. [3]

Seine eigenen Worte verraten uns, dass er stolz darauf
war, nur in den heiligen Schriften bewandert zu sein, und
dass er überall sonst verstecktes Heidentum witterte. [4] Das
mag in gewissem Sinne wörtlich zu nehmen sein: heidnische

---

1) Vgl. non parc. p. 256, 7 (212, 20): probant epistolae meae mediocritatis et libri rustico licet sermone descripti — —. moriend.
p. 294, 24 (247, 11): si quae dignus es a rusticis licet tamen Chri-
stianis audis. ibid. p. 306, 24 (258, 12): noster sermo est communis,
contra vester politus, ornatus, qui etiam dici mereatur disertus.

2) Hierüber vgl. jetzt besonders den oben citierten Aufsatz von
Hartel, der alle lexikalischen und stilistischen Eigentümlichkeiten
Lucifers genau untersucht hat.

3) Athanasius, der sich die Schriften von Lucifer erbat und sie
sogar in das Griechische übertragen haben soll (Faust. et Marc. a. a. O.
cp. 24), spricht in seinem zweiten Brief an den Verfasser Luc. opp.
p. 326, 5 (271, 13) freilich eine ganz andere Ansicht aus: unde talis
ordo sermonis compositus? Aber Athanasius war durch den Inhalt der
Bücher voreingenommen: der Brief ergeht sich auch sonst in den überschwänglichsten Lobeserhebungen.

4) Vgl. Note 1 und moriend. p. 306, 22 (258, 10): tu ac tui adiu-
tores litterarum ethnicalium (Korrektur von Hartel für et hinc aliam)
plenam auxistis artem, nos sumus tantum sacras scientes litteras.

Schriftsteller wird er nicht gelesen haben. Denn wenn er
an einer Stelle ausruft: quousque tandem abuteris Dei pa-
tientia, Constanti?[1]), so wird man daraus schwerlich auf
eine Bekanntschaft mit ciceronianischen Schriften schließen
wollen. Dagegen begegnen uns Reminiscenzen an Kirchen-
väter. So frappiert ein durch mehrere Zeilen ausgeführtes
Citat aus dem Scorpiace des Tertullian cp. 5.[2]) Noch
auffallender ist, dass die letzte Schrift moriendum, welche
übrigens auch das oben angeführte Citat und den ciceronianischen Ausruf enthält, an einer langen Reihe von Stellen
sich abhängig zeigt von Briefen des Cyprian, sowie von
der den Kritikern als pseudocyprianisch geltenden Schrift
de laude martyrii, welche Lucifer jedenfalls für ein Werk
des Cyprian gehalten hat.[3]) Die durchweg ohne Angabe
des Fundorts eingestreuten Citate aus Cyprian sind so zahl-
reich und zugleich so umfangreich, dass dadurch die Origi-
nalität der Schrift moriendum, welche, wie wir noch sehen
werden, vor den anderen sich auszeichnet, einigermaßen
beeinträchtigt ist. Dass nun gerade aus den Schriften dieser
beiden Männer Satzgruppen herübergenommen sind, kann
deshalb nicht befremden, weil eine gewisse geistige Verwandtschaft zwischen Lucifer und Tertullian unverkennbar ist,
und weil andererseits die Schrift de laude martyrii dasselbe
Thema behandelt wie die Lucifer's.[4]) Dass aber die Citate

---

1) moriend. p. 310, 11 (260, 35).

2) ibid. p. 313, 3 (263, 8). Die Echtheit dieses Tractates Ter-
tullians ist, soviel mir bekannt ist, nur von Volkmar im Appendix zu
Credners Geschichte des neutestam. Kanons p. 372 in Zweifel gezogen
worden.

3) Die Stellen findet man im Index I bei Hartel p. 340 b. Hin-
zuzufügen ist Cypr. ep. 55, p. 630, 16 sq. = p. 302, 21—25. Die Ab-
hängigkeit von de laude martyrii hat zuerst Hartel bemerkt; in den
Anmerkungen der Coleti finden sich bereits Hinweise auf die Briefe
Cyprians. Dass Lucifer jene Schrift für cyprianisch hielt, ist zur
Evidenz gebracht von Harnack in Theol. Lit.-Ztg. 1886 Col. 174.

4) Doch genügt es vielleicht schon, darauf hinzuweisen, dass
aus der verhältnismäßig kleinen Zahl abendländischer christlicher
Schriftsteller Tertullian und Cyprian um Hauptes Länge hervorragten

nur in der Schrift moriendum nachweisbar sind, während
keine der anderen eine Kenntnis der Literatur verrät, muss
damit zusammen hängen, dass Lucifer sich zur Zeit der Abfassung der genannten Schrift an einem Orte und in einer
Lage befunden hat, die ihm die Benutzung auch anderer
Bücher als der Bibel möglich machte.

Die ausgedehnte Verflechtung von Bibelstellen in den
Zusammenhang ist ein besonders charakteristisches Kennzeichen der Schriftstellerei Lucifers. Es ist bereits von Anderen bemerkt worden[1]), dass alle Bücher gleichsam von
einer fortlaufenden Kette von Schriftcitaten durchzogen werden. Wollte man sie sämtlich entfernen, so würde dadurch
der Umfang der Schriften beinahe um die Hälfte verringert
werden.[2]) Dem Verfasser sind diese Citate, wie sich uns
noch ergeben wird, als Stützen seiner Beweisführung notwendig; uns machen sie die Lektüre der Schriften besonders
unerfreulich und lassen dieselben als einförmig und lang-
weilig erscheinen, während sie freilich andrerseits auch
manche Wiederholungen in Ausdruck und Gedanken ver-
decken. Doch ist Lucifer um ihretwillen einer der wichtigsten Zeugen für unsere Kenntnis der sogenannten Itala
geworden.[3])

Wenn nun einerseits der Mangel jeder, auch der all-
gemeinsten Gedankendisposition und die dadurch bedingte,

---

und sich eigentlich allein allgemeiner Verbreitung erfreuten; s. Hieron.
de vir. ill. s. Tert. et Cypr.

1) So Gallandi in den prolegomena zu seiner Ausgabe: locis utriusque foederis ferme solis contexta sunt scripta Luciferiana. Dazu vgl.
Faust. et Marc. a. a. O. cp. 24: Lucifer libros scripsit ad Constantium
non ut plerique gloriam captans ingenii, sed divina testimonia aptis-
sime congerens contra haereticos.

2) Die Citate betragen in non parc. ca. 44%; Athan. I. ca. 42$\frac{1}{2}$%;
non conv. ca. 40%; reg. apost. ca. 38%; Athan. II. ca. 36%; moriend.
ca. 12% des Textes.

3) Es würde dieser Untersuchung einen ganz anderen Charakter
verleihen und dieselbe unverhältnismäßig erweitern, wollten wir ausführlich hierauf eingehen. Bekanntes zu wiederholen aber ist zwecklos.

sich in unendlichen und langatmigen Wiederholungen äußernde
ermüdende Weitschweifigkeit uns einen Mann verraten,
der es an der rechten Selbstzucht fehlen ließ, so vermag man andrerseits an manchen Stellen wohl den Eindruck zu gewinnen, dass wir es mit einem originellen Geiste
zu thun haben. Häufig wird der Leser frappiert durch
kühne Wendungen, durch antithetische Satzbildungen von
großer Kraft, die bisweilen an Tertullian erinnern, durch
Bilder und Gleichnisse, die, obwohl nicht selten roh, doch
wieder durch ihre Ursprünglichkeit fesseln. Überall aber
begegnet uns die gleiche Unordnung in der Verbindung, die
gleiche Geschmacklosigkeit in der Anwendung der Gedanken
und Bilder. Man kann vielleicht von keinem Schriftsteller
mit gleichem Rechte wie von Lucifer sagen, dass man seine
Art und Weise genau kenne, wenn man auch nur eine Seite
seiner Schriften gelesen hat.[1]) Zuchtlosigkeit in den Gedanken und Zuchtlosigkeit in der Form wird darum der
zutreffendste Ausdruck für diese ganze Art der Schriftstellerei sein.

Das bisher Ausgeführte wird deutlich gemacht haben,
weshalb eine geordnete Wiedergabe des Inhalts dieser
Schriften eine Unmöglichkeit ist. Eine solche läuft, wo
sie versucht wird, auf eine bloße Wiedererzählung hinaus.[2])
Dagegen haben wir an den Titeln der Bücher einen vortrefflichen Anhaltepunkt für die Bestimmung des Inhalts. Dieselben sind mehr als Titel, sie bilden geradezu die Themata,

---

1) Hartel a. a. O. p. 3 meint den einzelnen Schriften entnehmen
zu können, dass sich die unverkennbare rednerische Anlage des Lucifer im Laufe seiner schriftstellerischen Thätigkeit fortschreitend entwickelt habe: die Periodisierung in den letzten Schriften sei durch-
sichtiger, der Ausdruck gewählter, Vulgarismen seltener. Sein Urteil
stützt sich hauptsächlich auf die letzte Schrift moriendum. Es ist aber
eben fraglich, ob hier nicht der Einfluss Cyprians und anderer Lektüre in Rechnung zu ziehen ist. Schön wird man übrigens die Form
auch hier nicht finden.

2) Vgl. besonders den betreffenden Abschnitt bei Ceillier, histoire etc. V, p. 399—420. Gut ist die Inhaltsangabe von Papebroch
in den acta sanctorum Mai V.

zu denen sich die Ausführungen des betreffenden Buches wie
Variationen, freilich mit geringen Abwechslungen, verhalten,
und können in ihrer präcisen Formulierung vielleicht dazu
dienen, unser oben gefälltes Urteil, dass dem Verfasser Ori-
ginalität nicht fehle, zu bestätigen. Dabei bildet das Thema
der ersten Schrift, dass man mit Ketzern keinerlei Gemeinschaft halten dürfe, gleichsam die Basis, zu der sich die
späteren Bücher wie Exponenten verhalten.

Gerade weil nun diese Schriften Erzeugnisse des Augen-
blickes und Stimmungsbilder sind, und weil sich die Indi-
vidualität des Verfassers nirgends verkennen lässt, sind sie
vortrefflich geeignet, das Bild des Mannes zu ergänzen, den
wir zu Mailand als einen starren und unbeugsamen Vertreter
der Rechtgläubigkeit kennen gelernt haben. Was wir aus
seinem äußeren Lebensgang wissen, findet hier seine Bestätigung. Derselbe offene Freimut, das Fehlen jeder Menschen-
furcht, die unerschrockene Tapferkeit, die Überzeugungstreue
des ehrlichen Christen, die er zu Mailand gezeigt hat, begegnet uns auf jeder Seite. Wir gewinnen durchweg den
Eindruck, dass wir es nicht etwa mit einem Manne zu thun
haben, der es groß in Worten hat und, wenn es zur That
kommt, zurückweichen würde. So sehr man sich hüten
muss, aus seiner sich stets in Hyperbeln ergehenden Rede
weitgehende Schlüsse besonders auf konkrete Situationen zu
ziehen, so ist doch gewiss, dass diese Rhetorik eine natürliche ist und uns in ungeschminkter Weise die wirklichen
Ansichten des Verfassers enthüllt. Dass man die Arianer
anders behandeln könne als völlig Ungläubige, ist ein Gedanke, der für ihn gar nicht existiert, und demgemäß ist es
ihm ganz unverständlich, dass Constantius überhaupt nur
eine dahin gehende Forderung hat aufstellen können. Das
tritt besonders in der Schrift, welche wir als die älteste bezeichnen möchten,[1] hervor, in de non conveniendo cum
haereticis. Sie ist voll von verwunderten Fragen und Aus-

---

[1] Vgl. über die Reihenfolge der Schriften Anhang I, e. Die im
Text befolgte hat sich mir als die wahrscheinlichste erwiesen.

rufen, wie es überhaupt nur möglich sei, an Christen die
Zumutung zu stellen, mit Arianern, den Söhnen des Teufels,
auf gleichem Fuße zu verkehren. Dazu bieten die direkte
Veranlassung die Vorgänge in Mailand. Auf diese bezieht
sich Lucifer an einer Reihe von Stellen ganz deutlich. Er
weist die Zumutung ab, die Beschlüsse eines Concils anzuerkennen, dem doch nur ein giftstrotzendes Edikt des Kaisers die Befehle vorgeschrieben habe.[1]) Hat doch der Kaiser
deutlich genug gezeigt, was er selbst bezweckte. Zwar mit
seinem Ausruf: pacem volo firmari in meo imperio hat er
sich den Anschein geben wollen, als sei es ihm wirklich
darum zu thun, der Kirche Frieden zu geben. Aber wozu
diese eitlen Bemühungen? Hat nicht die Kirche von jeher
Frieden gehabt und sind nicht gerade die Arianer die eigentlichen Störenfriede? Will etwa der Kaiser mit seinem
Edikte etwas Anderes als die Ketzerei in die Kirche ein-
führen, der doch die Gläubigen stets die Thür gewiesen
haben?[2]) Diese und ähnliche Gedanken werden breit ausgeführt. Man merkt es dieser Schrift besonders an, dass
sie in der höchsten Aufregung verfasst ist. Hat dazu einerseits der noch frische Eindruck der gewaltthätigen Scenen
zu Mailand viel beigetragen, so darf man weiter aus einer
gelegentlichen Äußerung wohl mit Recht schließen, dass Lucifer zur Zeit der Abfassung sich im Gefängnis befand.[3])

Das, was Lucifer dem Kaiser einwirft, wird er auch schon
zu Mailand vorgebracht haben. Denn der Ausspruch des
Kaisers, der die Grundlage und den Hauptangriffspunkt der
zweiten Schrift de regibus apostaticis bildet, ist sicher

---

1) p. 19, 4 (17, 2): edictum, in quo omnia venena tuae haeresis
continentur.

2) p. 9, 5 ff.-(9, 9 ff.): deinde cum pacem semper habuerit do-
mini ecclesia et vos atque omnium sectarum haereticos foras abiecerit,
dixisti: pacem volo firmari in meo imperio, cupiens violare in nobis
pacem dominicam scindere desiderans dei populum, procurans haeresi
tuae, ad quam nos omnes facere sis optans transitum.

3) p. 12, 18 (11, 22); 13, 13 (12, 8). Die Stelle ist oben p. 20
Note 1 angeführt.

damals gethan worden, mag auch die Form von Lucifer um-
geschaffen sein. Constantius hat sich darauf berufen, dass
er trotz seiner angeblichen Ungläubigkeit von Gott im Be-
sitze seiner Macht gelassen werde, dass er nach wie vor
glücklich herrsche.[1] Diesen Einwurf zu widerlegen lässt sich
Lucifer angelegen sein. Ist er doch vollständig thöricht, wo
sich aus der Schrift an so vielen Beispielen nachweisen lässt,
dass Gott in seiner Langmut mit frevlerischen Königen lange Zeit
Geduld gehabt hat, bis sie endlich ein Ende mit Schrecken
genommen haben. So ist es Saul ergangen, so Salomo,
Ahab und Manasse. Es ist also durchaus falsch, wenn Constantius darauf pocht, dass seine Kaisermacht ihm nicht genommen werde: darin vermag der Gläubige nur das sichere
Zeichen zu erblicken, dass das Endgericht um so schreck-
licher ausfallen wird.

Den größten Anstoß hatte zu Mailand, wie wir gesehen
haben, der Umstand erregt, dass der Kaiser von den Bischöfen verlangte, den Athanasius, ohne dass er verhört
wurde, zu verdammen. Das ist auch in Lucifers Augen die
Krone aller Verbrechen des Kaisers: die beiden Bücher d e
s a n c t o A t h a n a s i o oder wie die ursprüngliche Überschrift
gelautet haben wird: q u i a a b s e n t e m n e m o d e b e t i u d i-
c a r e n e c d a m n a r e[2] hat er dem Unternehmen gewidmet,
diese Ungerechtigkeit zu tadeln und zu strafen. Die Fehler
der anderen Schriften, Weitschweifigkeit und breite Wieder-
holung, treten in diesen Büchern am klarsten zu Tage. Freilich finden diese Mängel gerade hier ihre Erklärung darin,
dass Lucifer im ersten Buch und wenigstens im Anfang
des zweiten es unternommen hat, fast alle Bücher des alten
Testaments d e r R e i h e n a c h genau durchzugehen und jede

---

1) Der Ausspruch des Constantius p. 34, 5 (29, 5): nisi catholica
esset fides Arrii, hoc est mea, nisi placitum esset deo quod illam per-
sequar fidem quam contra nos scripserint apud Niciam, numquam pro-
fecto adhuc in imperio florerem, kehrt mehrmals in verschiedener
Fassung wieder. Wir haben keinen Grund zu bezweifeln, dass der
Kaiser etwas ähnliches gesagt hat. Vgl. oben p. 17 Note 6.

2) Vgl. darüber Anhang I, a.

für seinen Zweck nur irgend verwendbare Stelle anzuführen[1]).
Darum bieten die Bücher auch inhaltlich das geringste Interesse. Immerhin liefern sie einen deutlichen Beweis dafür,
dass man auf orthodoxer Seite in der Person des Athanasius
sozusagen die Rechtgläubigkeit verkörpert sah, mochte man
sich im Einzelnen darüber noch so wenig Rechenschaft geben
können.

Die bisher besprochenen Schriften zeigen uns Lucifer
trotz ihres aggressiven Tones noch in der Defensive. Er
verteidigt den eigenen Standpunkt nach der negativen Seite,
dass es nämlich ihm und seinen Gesinnungsgenossen unmöglich sei, in den Arianern Christen zu sehen. In der
vierten Schrift de non parcendo in deum delinquentibus geht er in die Offensive über. Bisher hat es sich
darum gehandelt zu zeigen, weshalb er selbst kein Unrecht
zu leiden verpflichtet ist; jetzt gilt es dem Kaiser zu beweisen, dass der Rechtgläubige das Recht hat, ihn mit allen
ihm zu Gebote stehenden Mitteln rücksichtslos anzugreifen.
Wahrscheinlich ist der Abfassung dieser Schrift jener oben erwähnte Briefwechsel mit dem Kammerherrn Florentius voraufgegangen. Auch hier ist es ein Ausspruch des Kaisers,
der die Veranlassung zu einer breit angelegten Ausführung
giebt. Constantius soll — ob bei Empfang der ihm früher
übersandten Schriften bleibt ungewiss — sich darüber be-
klagt haben, dass Lucifer ihm, dem Kaiser, in dieser rück-
sichtslosen und unverschämten Weise entgegentrete.[2]) Von
diesem Worte nimmt Lucifer den Anlass, in stolzem Selbst-
gefühl darzulegen, dass ein Priester des Herrn dem Kaiser
keine Ehrfurcht schuldig sei, wenn er sich als Ketzer er-
weise. Soll etwa der Priester schweigen, wo er doch Gottes
Gebot erfüllt, wenn er dem Ketzer die Wahrheit sagt?[3])

---

1) Das Faktum, dass Lucifer hier die Bücher des alten Testaments durchweg in der Reihenfolge citiert, in welcher sie ihm vorgelegen haben, ist für die Bestimmung seines Kanons nicht unwichtig.
Vgl. darüber Anhang II.

2) p. 212, 2 (171, 23): ego te arguo cur insolens sis, cur contu-
meliosus imperatori extiteris; et tu fidei causam retexis.

3) p. 229, 31 (186, 28).

liegt etwa darin eine Nichtachtung der kaiserlichen Majestät,
dass man ihr Gottes Wort und seine Drohungen über die
Ketzer vorhält?[1]) Die Wahrheit sagen und verlorene Seelen
auf den rechten Weg zurückführen, das ist das rechte Amt
des Priesters, dem der Kaiser dankbar zu sein hat. Und
wenn der Kaiser sich rächen will, er kann es ja versuchen,
aber er wird sehen, dass ihm Gott dazu die Macht versagt,
der Gott, auf den der Rechtgläubige vertraut. [2])

Tragen diese vier Bücher einen mehr oder weniger gleichen
Charakter, so fühlt man sich bei der Lektüre des letzten:
moriendum esse pro dei filio gleichsam in eine andere
Sphäre versetzt. Die eigenen Gedanken werden nicht in
dem Maße, wie in den übrigen Büchern, durch die gehäuften
Schriftcitate in den Hintergrund gedrängt und werden in
einem Ton vorgetragen, der dies Schriftchen vor den anderen zu seinem Vorteil auszeichnet. Erhebt sich der Verfasser sonst nicht oft über das Niveau der Gewöhnlichkeit,
so begegnen uns hier längere Ausführungen, die einen
wohlthuenden Zug wirklicher Hoheit haben. Freilich ist
nicht ganz sicher, wie viel davon auf Rechnung der Ent-
lehnung aus einem anderen Autor, d. h. aus Cyprian resp.
auch Pseudocyprian zu setzen ist. Zwar ist auch hier die
Stimmung vorwiegend die des schroffen Puritaners, der am
liebsten mit dem Gottesschwerte dreinschlüge, um seine
Gegner zu vertilgen: sie findet aber ihre Ergänzung in
geradezu rührenden Ermahnungen an den Kaiser, doch nun
endlich vom falschen Wege abzulassen und zum Wege des
Lichtes, der allein ihn zum Heil führen könne, zurückzu-
kehren. Das Büchlein ist wahrscheinlich einige Jahre später
geschrieben als die ersten Schriften; die Anfangsworte beweisen, dass Lucifer halb und halb den Glauben aufgegeben
hat, den Kaiser zu bekehren. Nur weil er ihn immer noch
trotzen sieht auf seine weltliche Macht, greift er auf's
Neue zur Feder.

---

1) p. 232, 9 (189, 5).
2) p. 236, 17 (194, 1); 236, 30 (194, 13).

Dass die Lektüre dieser letzten Schrift sich zu einer
weit mehr ergreifenden gestaltet als die der früheren, hängt
nicht zum wenigsten damit zusammen, dass hier die Methode Lucifers, den Beweis für seine Sache aus der
Schrift und zwar mit haarsträubender Exegese zu führen,
nicht so crass hervortritt.[1] Auch ist der Ton ein nicht ganz
so aufgeregter, und die Schimpfwörter, die er gegen den Kaiser ausstößt, erscheinen gemildert. Dieser seiner Methode
müssen wir noch einige Worte widmen. Es ist besonders
seit Cyprian in der orthodoxen Kirche zur Regel geworden,
Alles, was in der heiligen Schrift von sittlichen Vergehungen
erwähnt wird, auf das Verbrechen der Ketzerei umzudeuten.
Diese hässliche Methode, einem nicht für orthodox geltenden
Gegner alle sittlichen Schäden anzuheften, ist bei Lucifer
in einer sonst kaum erreichten Ausdehnung angewendet.
Er geht die ganze Bibel durch: auf jeder Seite fast findet
er einen Fluch oder eine Drohung, die sich auf den Constantius und die Arianer anwenden lässt. Diesen Nachweis
aus der Bibel zu liefern ist der Hauptzweck seiner Schriften; die ihm persönlich ganz feststehende Erkenntnis, dass
die Arianer keine Christen seien, wird dadurch begründet.
Indessen, er steht in dieser Art der Schriftbenutzung eben
doch nicht allein. Ganz einzigartig aber sind seine Bücher
durch den geradezu unerhörten Ton, den er dem Kaiser
gegenüber anschlägt. Man hat das Gewicht dieser Schimpfwörter, von denen eines schlimmer ist als das andere, dadurch abzuschwächen gesucht, dass man gemeint hat, auch
bei anderen Schriftstellern sei in ähnlicher Weise davon Gebrauch gemacht worden. Aber was Hilarius und Athanasius
selbst in ihren schärfsten Schriften gegen den Constantius[2]
vorbringen, reicht doch nicht heran an die Art, wie Lucifer
den Kaiser behandelt[3]. Freilich kann man sie zum Ver-

---

[1] Auch sind die Citate meist dem N. T. entnommen, während
Lucifer seiner Eigenart entsprechend sonst das A. T. bevorzugt.

[2] Vgl. Hilar. contra Constantium II. Athan. apol. ad Const.

[3] Vgl. eine Zusammenstellung seiner Ausdrücke in der praefatio
der Ausgabe des Tilius (woraus sie Walch a. a. O. III, 363/64 abge-

gleich heranziehen, um einen Eindruck davon zu gewinnen,
wie sich im Laufe weniger Jahre die Zeiten geändert haben.
Noch sind kaum 20 Jahre verflossen, seit ein christlicher
Bischof dem Kaiser, der der Kirche zu Macht und Ansehen
verholfen, ein Denkmal setzte, das uns wie eine Apotheose
anmutet, und schon wird der Sohn dieses Kaisers wiederum
von christlichen Bischöfen mit den heftigsten Vorwürfen über-
schüttet, mit allen Übelthätern von Rehabeam bis Judas
Ischariot verglichen, weil er, obwohl er sich Christ nenne,
in Wahrheit der Antichrist sei. Und Constantius' Andenken
selbst wird geschmäht, wenn sein Verfahren mit dem seines
Sohnes zusammengestellt und dem Gift verglichen wird, vor
dem bereits der Apostel Paulus die Colosser warnte, dem
Gifte heidnischer Philosophie und Menschensatzung, die
sich nicht auf Christus aufbaut. [1])

Athanasius und Hilarius sind große Theologen gewesen;
wir werden ihnen bald in Situationen begegnen, in welchen
sie ihre theologische Einsicht auch praktisch richtig und zum
Wohl der Kirche zu verwenden wussten. Lucifer, der Rigorist,
hat das Letztere nicht vermocht; wir werden schon daraus
schließen dürfen, dass seine Theologie eine starre und
einseitige gewesen ist. Indessen bleibt es uns übrig, aus
seinen Schriften uns zu vergewissern, wie weit er überhaupt
theologisch orientiert war. Es ist nicht nötig, dass wir hier
den Standpunkt verlassen, von welchem aus wir bereits im
Anfange unserer Untersuchung konstatiert haben, dass das
Interesse, welches den Lucifer in seinen Schriften leitete,
kein theologisches gewesen ist; vielmehr, wie uns dieselben
die ganze Persönlichkeit des Mannes erschließen, so zeigen
sie auch, was wir von ihm als Theologen zu halten haben.
Dass er zu den genuinen Vertretern des nicänischen Glaubens
gehört, ist nach allem, was bisher gesagt wurde, selbstver-

---

druckt hat), die sich übrigens noch beliebig vermehren ließe. Am ge-
häuftesten finden sie sich Athan. I, p. 100, 23 (79, 24).

1) Vgl. non conv. p. 19, 5 (17, 3) cum nos contra tua atque
patris tui venena armaverit beatus Paullus: col. 2, 4. Siehe oben p. 4
Note 1.

ständlich. Der Glaube, den die Väter zu Nicäa in ihrem Bekenntnisse niedergelegt haben, für den Athanasius verbannt wurde, ist auch der des Lucifer. Er selbst führt das Nicaenum teils ganz, teils in einzelnen Partieen mehrfach an,[1] und immer wiederholt er die Formel von der una deitas patris ac filii. Er vertritt dieselbe in dem strikten Sinn, in welchem sie von den alten Nicänern verstanden wurde, bevor die Unionsbestrebungen der Jahre nach 357 und die theologische Arbeit der Cappadocier ihr einen anderen Inhalt gaben. Aber eine andere Frage ist es, ob er sich über die Bedeutung dieser Formel klar war. Für ihn ist sie zwar überhaupt kein Gegenstand der Discussion; sie ist der Schein, auf dem er besteht, die christliche Legitimation, die er seinen Gegnern entgegenhält. In dem Glauben, dass sie die apostolica et evangelica fides gewährleiste, dass sie nichts Anderes besage als was bereits die Patriarchen, Propheten, Apostel und Märtyrer für wahr gehalten haben, die trinitas perfecta et una deitas, lebt er und ist bereit, jeder Zeit dafür zu sterben.[2] Die volle Gottheit des Sohnes zu wahren, ist ihm ohne Zweifel ein tief empfundenes religiöses Bedürfnis ge-

---

1) Eine genaue Übersetzung des griechischen Textes findet sich non parc. p. 247, 13 (204, 4). Sie weicht nur unbedeutend ab von der Übersetzung bei Hilar. de syn. 84, abgedruckt bei Hahn, Bibl. der Symb. § 74 (vgl. auch Hilar. fragm. hist. II, 27). Die wichtigsten Sätze finden sich Athan. II, p. 157, 17 (132, 18) und moriend. 292, 6 (245, 5). Varianten sind vom Verfasser natürlich nicht beabsichtigt. — Es mag hier bemerkt werden, dass die im Anhang der Ausgabe der Coleti p. 278/279 mitgeteilte fides Luciferi nicht von diesem herrührt, wie die genannten Herausgeber sehr umständlich nachgewiesen haben (p. 273/278), sondern ein Ausschnitt ist aus der fides, welche dem Presbyter Faustinus zugeschrieben wird (Migne XIII, p. 79/80). — Über ein altitalisches Taufbekenntnis und eine Auslegungsrede dazu, deren Verfasser Caspari in Lucifer sehen möchte, vgl. Anhang IV.

2) Diese Formeln kehren alle unzählige Male wieder. Besonders häufig findet sich die Zusammenstellung der patriarchae, prophetae, apostoli ac martyres, wobei dann gewöhnlich die Patriarchen mit Namen angeführt werden; vgl. z. B. p. 18, 22 (16, 19); 25, 6 (22, 14); 72, 28 (59, 2), und öfter in sämtlichen Schriften und mit geringen Abweichungen.

wesen: in diesem Bestreben weiß er sich mit dem nicäni-
schen Symbol einig und darum sind ihm alle, welche dem
Wortlaut des Symbols opponieren, negatores unici dei filii.
Sie alle wollen ja den Sohn in die Reihe der Geschöpfe
hinabziehen: das ist es, was er verstanden und begriffen hat.
Dagegen wendet er sich immer von neuem mit stürmischer
Offenheit und ehrlichem Hass. Von den subtilen theologischen
Distinktionen hat er nichts verstanden; er wird es für überflüssig gehalten haben, in solche Tiefen überhaupt einzudringen.
So darf man denn auch darauf kein Gewicht legen, dass er an
einer Stelle den Unterschied zwischen Photin und Arius hübsch
zum Ausdruck bringt, wenn er doch nicht lange darauf beide
wieder zusammenwirft. [1] Das tertium comparationis, welches
für ihn genügt, ist ihre Charakterisierung als Feinde des
nicänischen Glaubens.

Es ist der Standpunkt starrster Orthodoxie, den Lucifer
einnimmt, und wir sind bereits hier zu dem Urteil berechtigt,
ihm die Fähigkeit abzusprechen, an der Entwicklung der
Dinge, wie sie sich in den nächsten Jahren vollzog, frucht-
bringenden Anteil zu nehmen. Wir sind aber in der Lage,
dieses Urteil noch weiter zu begründen, und im Besonderen
in Zweifel zu ziehen, dass Lucifer die Bedeutung des Strei-
tes, der sich daran knüpfte, ob der Sohn unius oder similis
substantiae mit dem Vater sei, nicht aufgegangen ist. Es
sind uns nämlich Fragmente einer Schrift des Hilarius
erhalten, in welcher er durch Erläuterungen zu seinem großen
Werke de synodis, jener Unionsschrift, die uns an einer anderen Stelle noch weiter beschäftigen wird, einige Stellen
desselben vor Missdeutungen zu schützen suchte. [2] In einem

---

1) Vgl. non parc. p. 247, 8 (203, 17): quid interesse arbitraris inter
te et Paullum Samosatenum, vel istum. eius discipulum tuum consco-
tinum (scil. Photinum), nisi quia tu ante omnia dicas, ille vero post
omnia (scil. dei filium creatum esse)? — dagegen non parc. p. 271,
10 (226, 19). In diesem Zusammenhange ist es interessant, den klas-
sischen Satz von Kölling, Gesch. der arian. Häresie II, 319 zu vergleichen: Antiphoteinianer und Arianer zugleich sein zu wollen ist
unvereinbar. Siehe dazu Möller in Stud. Krit. 1884, p. 806.

2) Hilarius, apologetica ad reprehensores als Anhang zu de sy-

dieser Fragmente nun sagt Hilarius, er habe das Recht des
Gebrauches des Wortes ὁμοιούσιος deshalb näher auseinan-
dergesetzt, weil Lucifer dasselbe ohne Einschränkung verwendet habe; in einem anderen, es sei nötig gewesen, die
pia intelligentia (das richtige Verständnis) von ὁμοιούσιος
näher zu definieren, weil es auch eine impia gäbe: damit
habe er aber natürlich den Gebrauch des Wortes bei Lucifer
durchaus nicht verdächtigen wollen. ¹) Da in beiden Frag-
menten Lucifer direkt angeredet wird, so folgt daraus, dass
derselbe dem Hilarius wegen seiner Ausführungen in de
synodis Vorwürfe gemacht haben muss. Nicht aber in dem
Sinne, dass er ihm seine Liebe und Milde gegen die Häretiker
vorwarf²); sondern der Context zeigt deutlich, dass Lucifer
sich darüber gewundert haben muss, dass Hilarius überhaupt
die Möglichkeit eines Missverstehens des Ausdrucks similis
substantiae voraussetzte. Eine pia und eine impia intelligentia hat er überhaupt nicht scheiden wollen; es giebt nur
eine pia. Dem entspricht, dass er an der einzigen Stelle,
wo er die Ausdrücke similis und aequalis für die substantia
des Sohnes gebraucht, dieselben allerdings ohne Erklärung

nodis abgedruckt (bei Migne X, 545—548). Die Form der Schrift ist
nicht mehr zu erkennen. Reinkens, Hilarius p. 184 bezeichnet sie als
eine Apologie in Form von Deklarationen zu den angegriffenen Stellen
des größeren Werkes.

1) Hilar. a. a. O. Migne X, 547: satis absolute, domine frater
Lucifer, cognosci potuit, invitum me homoeusii mentionem habere.
Sed quia tu similitudinem Filii ad Patrem praedicabas, demonstratio
eius a me fuit exponenda sine vitio. — ibid. p. 545: non puto quem-
quam admonendum, in hoc loco ut expendat, quare dixerim similis
substantiae piam intelligentiam (vgl. de syn. 76. 77) nisi quia
intelligerem et impiam: et idcirco similem, non solum aequalem, sed etiam eandem dixisse, ut neque similitudinem, quam tu,
frater Lucifer, praedicari volueras, improbarem, et tamen solam
piam esse similitudinis intelligentiam admonerem, quae
unitatem substantiae praedicaret.

2) Wie Reinkens a. a. O. will. Das ist ein bloßer Rückschluss
aus Lucifers späterer Stellungnahme, der allerdings sehr erklärlich ist.

einführt[1]). Diese Stelle hatte Hilarius im Auge gehabt[2]). Lucifer, in seinem Vorwurf, vindicierte den Ausdruck ὁμοι-ούσιος demnach einfach für die eigene Partei und bewies dadurch, dass er die Beweisführung des Hilarius und dessen Zweck gar nicht verstanden hatte.

Daraus folgt einerseits, dass er über Parteischattierungen im gegnerischen Lager gar nicht unterrichtet war, andrerseits dass er gegebenen Falls auch den Ausdruck unius substantiae mit dem gefährlichen similis substantiae vertauschen konnte, ohne sich der Tragweite beider Formeln bewusst zu sein.

Von hier aus findet nun auch das Rätsel seine Lösung, dass der Mann, welcher mit den anderen Bekennern des rechten Glaubens gemeinschaftliche Verbannung ertrug, welcher in Wort und That eingetreten war für Athanasius, den Vorkämpfer der Nicäner, sich gerade in dem Augenblicke von den bisherigen Genossen trennte, als die Herrschaft der Gegner wankend zu werden drohte. Die vollständige Unfähigkeit, sich in die Ansichten Anderer hineinzuversetzen, die sich hauptsächlich auf theologischem Gebiet äußert, das starre Festhalten an der einmal angenommenen Position haben nicht einmal das Bedürfnis in ihm aufkommen lassen, Concessionen zu machen, und sein Gewissen hat ihm nicht erlaubt, ihre Berechtigung bei Anderen anzuerkennen. Kann man ihm bei all seiner ungebildeten Derbheit und seinem wilden Feindeshass nicht absprechen, dass er ein ehrlicher, guter Christ war, so ist es doch andrerseits als ein Unglück zu beklagen, dass er an einen Punkt gestellt wurde, wo mehr von ihm gefordert ward: umsichtiges Handeln mit Verständnis der Situation. [3])

---

1) Die Stelle findet sich de Athan. I, p. 125, 13 (98, 18): cum similis atque aequalis sit Dei filius patri.

2) Näheres darüber und inwiefern sich daraus auf die Abfassungszeit der beiden Bücher de Athan. schließen lässt, vgl. im Anhang I e.

3) Einzelne Theologumena des Lucifer vorführen zu wollen, ist nach allem, was angeführt wurde, zwecklos. Man hat wohl gemeint, in ihm einen besonders energischen Vertreter der Homousie des Geistes

III.

Während Lucifer im Exil sich in ohnmächtigem Zorn
verzehrte und mit fanatischem Eifer sich in die Erinnerungen
der Vergangenheit vergrub, ohne auf die Gegenwart zu achten und für die Zukunft Sorge zu tragen, hatte sich in der
Lage der Dinge draußen in der Welt ein großer Umschwung
vorbereitet. Das Jahr 361 sah ganz veränderte Zeiten. Zwar
schien der Homöismus, unterstützt und gehoben durch Constantius, mächtiger als je, aber schon waren die Geister thätig,
die ihn zu Falle bringen sollten.

Seit es im Jahre 357 zu der sogenannten dritten sirmischen Formel gekommen war, welche das Bestreben des
Kaisers, vermittelst einer ganz neutral gehaltenen und farblosen
Glaubenslehre alle Parteien zu einigen, klar und unverhüllt
zu Tage treten ließ, waren die Theologen des Orients, welche
bisher mit der kaiserlichen Partei mehr oder weniger gemeinsame Sache zu machen gewillt gewesen waren, weil
sie in den Nicänern die Feinde ihres Glaubens zu sehen
vermeinten, darauf aufmerksam geworden, wie viel größer
die Kluft sei, welche sie von den bisherigen Freunden trennte,
deren Tendenz, die christliche Erkenntnis, dass Christus wahrer
Sohn Gottes und kein Geschöpf sei, zu untergraben, ihnen
jetzt deutlich vor Augen lag. Sprach doch jene sirmische
Formel es nackt aus, dass der Sohn dem Vater mit allen
Kreaturen unterworfen sei. Und jene Phrase, man könne
nicht wissen, wie der Vater den Sohn erschaffen: darum
solle man lieber alle Untersuchungen und Formulierun-
gen vermeiden, öffnete allen Deutungen Thür und Thor.
Aber wenn man auch zu fühlen begann, dass man in der
Schätzung des Sohnes mit den Nicänern auf gleichem Boden
stand, immer wieder trat das ὁμοούσιος dazwischen, und

---

sehen zu müssen (vgl. bes. die Coleti proleg. p. XXII). Doch seine
dahin gehenden Behauptungen sind ganz naiv und ohne theologische
Reflexion. Man darf auch nicht vergessen, dass die Homousie des
Geistes erst seit ca. 360 Gegenstand der Controverse wurde.

nach wie vor vermeinte man sich dagegen sträuben zu müssen, weil es nicht schriftgemäß sei.

Das war die Stimmung, welche ihren Ausdruck seit dem
Concil von Ancyra 358 in der Partei der Homöusianer[1]) fand. Mannhaft stand ihr Führer, der Bischof Basilius von Ancyra, gegen die am Hofe beliebte Deutung des
ὅμοιος κατὰ πάντα der vierten sirmischen Formel vom 27. Mai
359, die er selbst freilich unterschrieb, ein, indem er zusammen mit Georgius von Laodicea in einem längeren Aufsatz seine Meinung dahin präcisierte, dass das ὅμοιος οὐ μόνον
κατὰ τὴν βούλησιν ἀλλὰ κατὰ τὴν ὑπόστασιν καὶ κατὰ τὴν ὕπαρξιν
καὶ κατὰ τὸ εἶναι ὡς υἱόν zu verstehen sei.[2]) Das war die
denkbar schärfste Verurteilung der homöischen Auffassung
von Seiten derjenigen, die noch vor Kurzem Hand in Hand
mit den Homöern gegangen waren. Schon zu Ancyra war
die ὁμοιότης καὶ κατ' οὐσίαν zum Stichwort erhoben worden;
nun suchte der Aufsatz des Basilius und Georgius dasselbe
näher zu begründen. Aber indem man sich gegen das
ὁμοούσιος als nicht schriftgemäß wandte, beging man die
Inkonsequenz, einen ebenso unschriftgemäßen Ausdruck zum
Ersatz zu wählen.[3])

---

1) Die Formel ὅμοιος κατ' οὐσίαν findet sich zuerst in den Ana-
thematismen dieser Synode bei Epiph. LXXIII, nr. 11 (vgl. Hahn,
Bibl. Symb. § 92). Wenn schon die sirmische Formel von |357 den
Gebrauch des homoeusion verbietet, so beweist das freilich, dass der
Ausdruck schon früher geläufig war. Aber er war nirgends in den
Symbolen der bisherigen Eusebianer fixiert. Auch enthält er bewusste
Opposition gegen das ὅμοιος der kaiserlichen Partei und konnte daher
zum Stichwort erst werden, nachdem jene ihr Programm unverhüllt
vorgelegt hatte.

2) Vgl. Epiph. LXXIII, nr. 12—22. Die Worte finden sich nr. 22.
Über die Bedeutung des Aufsatzes siehe auch Gwatkin a. a. O.
p. 168 f.

3) Der Sinn, in welchem Basilius und seine Genossen das ὁμοιούσιος verwendet wissen wollten, ist kaum unterschieden von demjenigen,
in welchem das ὁμοούσιος späterhin sich allgemein durchgesetzt hat
(vgl. auch die Erörterung über die ὑποστάσεις bei Epiph. LXXIII, 16).
Aber Basilius hegt gegen das Wort auch die Bedenken, welchen dasselbe in seinem ursprünglichen Verständnis ausgesetzt war. Sehr cha-

Den Führern der Nicäner war der Umschwung, der sich in der Stimmung der Gegner zu vollziehen begann, nicht verborgen geblieben. Hilarius begrüßte ihn mit Freuden in seiner Schrift de synodis, welche dazu bestimmt war, seinen Galliern Nachricht zu geben, wie sich in dem richtig verstandenen ὁμοιούσιος die Tatsache wiederspiegele, dass auch im Orient das Verständnis für den nicänischen Glauben aufgehe. Athanasius griff zur Feder, um in einer seiner schönsten Schriften, gleichfalls de synodis betitelt, einmal die Freude über das Entgegenkommen der bisherigen Gegner auszudrücken, zugleich aber auch nachdrücklich auf die Inkonsequenz, die in dem Worte ὁμοιούσιος lag, aufmerksam zu machen: er wies auf die Gefährlichkeit des Ausdrucks hin; er lud dazu ein, das ὁμοούσιος, welches das auch bei

rakteristisch spiegelt sich diese Auffassung in dem ersten Briefe des jungen Basilius von Caesarea an Apollinaris von Laodicea (der Briefwechsel ist ediert und über allen Zweifel als echt nachgewiesen von Dräseke in der Zeitschr. für Kirchengeschichte VIII, p. 85 ff.) wieder. Basilius tritt dort für das ὁμοιος κατ' οὐσίαν ein und zwar in demselben Sinne, in welchem er später das ὁμοούσιος vertreten hat. Es heißt (p. 97): εἰ φῶς νοητὸν ἀΐδιον, ἀγέννητον τὴν τοῦ πατρὸς οὐσίαν τις λέγοι, φῶς νοητὸν ἀΐδιον γεννητὸν καὶ τὴν τοῦ μονογενοῦς οὐσίαν ἐρεῖ. πρὸς δὲ τὴν τοιαύτην ἔννοιαν δοκεῖ μοι ἡ τοῦ ἀπαραλλάκτως ὁμοίου φωνὴ (hier noch ein Nachklang des Bekenntnisses Lucians des Märtyrers) μᾶλλον ἤπερ ἡ τοῦ ὁμοουσίου ἁρμόττειν. φῶς γὰρ φωτὶ μηδεμίαν ἐν τῷ μᾶλλον καὶ ἧττον τὴν διαφορὰν ἔχον, ταὐτὸν μὲν οὐκ εἶναι, (der alte Vorwurf gegen die ursprüngliche nicänische Auffassung) διότι ἐν ἰδίᾳ περιγραφῇ τῆς οὐσίας ἐστὶν ἑκάτερον, ὅμοιον δὲ κατ' οὐσίαν ἀκριβῶς καὶ ἀπαραλλάκτως, ὀρθῶς ἄν οἴομαι λέγεσθαι. Wenige Jahre später würde er in diesem Sinne gar nichts gegen das ὁμοούσιος eingewandt haben. Auch er ringt noch mit Skrupeln, dass dasselbe nicht schriftgemäß sei, und erbittet sich von Apollinaris Belehrung darüber. Kurz, es ist dieselbe Stellung, welche Basilius und seine Genossen einnehmen; — der Brief ist nachweislich spätestens im Jahre 361 geschrieben (vgl. Dräseke p. 111) — dasselbe Ringen nach einem präcisen Ausdruck für den schon vorhandenen Gedanken, wie es sich auch in der Unbeholfenheit der beiden Schreiben der Homöusianer (Epiph. LXXIII, 2—11; 12—22) kund giebt. Diese Partei war nur eine Übergangspartei. Sie bezeichnet das letzte Stadium des Widerstandes der alten Konservativen gegen das ὁμοούσιος.

den Gegnern vorhandene [1]) richtige Verständnis viel sicherer
gewährleiste, anzunehmen: der Grund, dass es nicht schriftgemäß sei, könne nicht geltend gemacht werden, wo doch
das ὁμοιούσιος von demselben Vorwurf getroffen werde.

So war man sich auf beiden Seiten in der Theorie bedeutend entgegengekommen, als der Tod des Constantius die
Möglichkeit bot, solche theoretische Annäherungen auch in
die Praxis umzusetzen. Julian hatte sein Edikt erlassen;
die verbannten Bischöfe sollten zu ihren Gemeinden zurück-
kehren. [2]) Der Kaiser gab seiner Absicht, den Hellenismus
zu restaurieren, indem er ihn zu einer Art heidnischer Kirche
umschuf unter dem Einfluss dessen, was ihn das Christentum gelehrt hatte, dadurch die erste Basis, dass er die
Gleichberechtigung der Religionen — ein Edikt betreffend
die heidnische Religion war voraufgegangen [3]) — und innerhalb derselben natürlich der Confessionen proklamierte. So
wenig zeitgemäß diese Politik war, [4]) so ist doch nicht zu
leugnen, dass der Umschwung der Stimmung, den wir oben
charakterisiert haben, durch die Ermöglichung einer freieren

---

1) Athanasius will in dieser Schrift den modus vivendi mit den
Gegnern vorbereiten. Im Übrigen geht aus der überlegenen Beweisführung zur Genüge hervor, dass er sich wohl bewusst ist, wie dies
richtige Verständnis doch ein sehr bedingtes ist.

2) Athanasii vita acephala (früher als historia acephala bezeichnet,
zuletzt herausgegeben von Sievers, Ztschr. für die histor. Theol. 1868,
p. 89 ff.) p. 155: Mechir XIV (8. Februar) datum est praeceptum
Gerontio praefecto eiusdem Juliani imperatoris — —, praecipiens epi-
scopos omnes factionibus antehac circumventos et exiliatos reverti ad
suas civitates et provincias.

3) Vit. aceph. a. a. O.: Mechir X (4. Februar) — — Juliani imp.
praeceptum propositum est, quo iubebatur reddi idolis et neochoris
et publicae rationi, quae praeteritis temporibus illis sublata sunt.

4) Es ist hier nicht der Ort, dieses Urteil (vgl. auch p. 7 dieser
Arbeit) näher zu begründen. Trotz des reformatorischen Elementes
in Julians Restaurationspolitik (vgl. darüber Harnack in der R. E.
s. v. VII, 291 f.) ist dieselbe doch wesentlich eine Politik der Reaktion, welche nicht in erster Linie von staatsmännischen Gesichts-
punkten geleitet wird.

Entwicklung der Dinge in Folge jenes Ediktes eine wesent-
liche Förderung erfahren hat.

Den Ausdruck dieser Tatsache erkennen wir in der
Synode von Alexandrien, welche Athanasius bald,
nachdem er in seine Diöcese zurückgekehrt war, berufen
hat, um die Kirche aus den Stürmen der Ketzerei und den
Wirbelwinden des Unglaubens wieder zur Ruhe zurückzu-
führen. [1] Diese Synode, deren ganze Tendenz dahin ging,
dem Bedürfnis der Zeit nach einer die Gemüter befriedigenden Schlichtung der bestehenden Streitigkeiten praktisch
abzuhelfen, ist ein Ereignis von großer Tragweite, dessen
Bedeutung nicht immer genügend gewürdigt wird [2]. Ein
Friedensconcil im besten Sinne des Wortes, gab sie das
Programm aus, dem die Zukunft gehörte, und bildet somit
den Anfangspunkt derjenigen Bewegung, welche zum end-
lichen Siege der nicänischen Lehre geführt hat.

Erscheint uns so diese Synode im Zusammenhang der
bisher entwickelten Gedankenreihe als ein höchst bedeu-
tendes Ereignis, so ist sie uns auch nach einer anderen
Seite hin von größter Wichtigkeit: sie bildet den Höhepunkt im Leben desjenigen Mannes, den man mit Fug als
den größten seines Jahrhunderts bezeichnen kann, des Athanasius. Der große Bischof von Alexandrien gehört zu den
wenigen, welthistorischen Männern, welche ihr ganzes Leben
hindurch Herren der Situation gewesen sind. Obwohl Hie-
rarch im großen Stil, hat er doch stets in erster Linie für
den großen reinen Gedanken seiner Jugend, dass zu unserer
Erlösung die ganze Gottheit auf Erden erscheinen musste,

---

1) Rufin I, 28: — — quo pacto post haereticorum procellas et
perfidiae turbines tranquillitas revocaretur ecclesiae, omni. cura et
libratione discutiunt.

2) Auch nicht von Hefele I, 727, ein Beispiel für die auch sonst
zu machende Beobachtung, dass derselbe die Bedeutung eines Concils oft nur nach dem Umfang der uns erhaltenen Akten oder Canones
abschätzt. — Am ausführlichsten unter den neueren Darstellungen ist
die von Newman, the Arians of the fourth century. Doch stehen die
historischen Abschnitte dieses Buches im Dienste einer dogmatischen
Theorie.

gelebt und gestritten. Diese Wahrheit sah er allerdings
in dem Bekenntnis zur Homousität des Sohnes mit dem
Vater gewährleistet: darin liegt es begründet, dass er trotz
der Erkenntnis, dass seine Auffassung desselben von derjenigen verschieden sei, welche sich in den letzten Jahren
seines Lebens durchsetzte, [1] die relative Berechtigung der
letzteren anzuerkennen vermochte. Dass er es gethan hat
im Interesse der Einheit der Kirche und der Lehre, ist eine
Großthat, die dadurch nicht verkleinert wird, dass geringere
Geister, wie Lucifer, ihr die Anerkennung versagten. [2] Sein
rechtzeitiges Einlenken hat der orientalischen Kirche Kämpfe
erspart, die bei dem Wiedererstarken der arianischen Opposition unter Valens doppelt schädlich gewesen wären; es
hat aber zugleich bewirkt, dass Athanasius bis zu seinem
Tode das anerkannte Haupt der nicänischen Partei auch bei
denen blieb, welche übrigens seine Ansicht nicht teilen
mochten.

Die Verhandlungen des Concils sind uns erhalten
in der Epistel, welche Athanasius selbst im Namen der
Synodalen an die Antiochener abgesandt hat, damit er denselben als Richtschnur zur Beilegung der dort herrschenden
Streitigkeiten diene. Dieser sogenannte Tomus ad Antiochenos [3] ist völlig klar, übersichtlich und mit besonnener
Mäßigung geschrieben. In wie weit der Bericht vollständig

---

[1] Dass er diese Erkenntnis besessen, beweist einmal seine
Schrift de synodis (vgl. oben p. 44 und Note 1); dann aber sein Verhalten gegenüber den antiochenischen Streitigkeiten (vgl. weiter unten)
und seine immerhin zurückhaltende Stellung gegenüber Basilius von
Caesarea (vgl. Rade, Damasus p. 81 ff.).

[2] Vgl. auch Montaut, questions historiques etc. p. 131: sauve-
garder la doctrine et céder aux hommes a donc été la maxime équi-
voque, après laquelle l'Orient orthodoxe a vécu tant bien que mal,
pendant que les Occidentaux, plus disciplinés et plus ri-
gides, repoussaient les concessions équivoques. Aber der Occident
stand eben unter ganz anderen Bedingungen der Entwicklung als
der Orient.

[3] Im ersten Bande der Werke des Athanasius abgedruckt.

ist, zeigen die Sekundärquellen. Von diesen folgt Rufin[1] im Gange seiner Darstellung genau derjenigen des Tomus: doch zeigt eine, auch sonst beglaubigte Notiz,[2] sowie Einzelheiten unbedeutender Art,[3] welche der Tomus nicht enthält oder in abweichender Fassung wiedergiebt, dass ihm noch eine andere Quelle vorgelegen haben kann. Ähnlich scheint die Sache bei Socrates[4] zu liegen. Bei ihm ist eine der Hauptaufgaben des Concils, die Aufnahme der Homöusianer, vollständig in den Hintergrund getreten, und die übrigen Punkte der Verhandlung werden nur kurz erwähnt. Dagegen hat Socrates an zwei derselben längere Auseinandersetzungen angeknüpft, die teils seine eigene Meinung darlegen, teils die Berechtigung der vom Concil gefassten Beschlüsse aus der Geschichte nachweisen sollen. Dem letzteren Zweck ist er nur in unbeholfener Weise gerecht geworden. Positiv falsch ist die Notiz, dass zu Alexandrien der Gebrauch der Ausdrücke οὐσία und ὑπόστασις verboten worden sei;[5] wertvoll, aber mit Reservation aufzunehmen die andere, dass bereits auf dem Concil zu Nicaea Hosius die Frage nach dem Unterschiede beider angeregt habe. Nach Socrates soll Athanasius auf der Synode seine apologia de fuga sua verlesen haben.[6] Sozomenos endlich, der sonst dem Berichte der beiden genannten Autoren genau folgt,

---

1) Hist. eccl. I, 28.

2) Dass nämlich auch zu Alexandrien eine rigoristische Partei gegen die conciliatorischen Absichten des Athanasius aufgetreten sei. Vgl. dazu Hieron. adv. Lucif. cp. 20; über das Nähere siehe unten.

3) So ist die Motivierung der Aufnahme der Homöusianer um das Gleichnis vom verlorenen Sohn bereichert, eine Änderung, die Rufin füglich selbst vorgenommen haben kann.

4) Hist. eccl. III, 7.

5) Dies hat schon Valesius in der Note zu der Stelle gesehen.

6) A. a. O. III, 8. Jeep, Quellenuntersuchungen etc. p. 114, behauptet, Socr. III, 7 sei nicht aus dem Tomus entnommen. Aber auch jene falsche Notiz kann aus flüchtiger Lektüre von ep. 3 des Tomus hervorgegangen sein. Die anderen Angaben brauchen, abgesehen von jenen längeren selbstverfertigten Zusätzen, nicht aus anderer Quelle zu stammen.

bez. denselben excerpiert, schweigt von der Synode zu Alexandrien überhaupt. [1])

Für unseren Zweck, der durch die Stellungnahme des
Lucifer zu den Beschlüssen des Concils bestimmt ist, kommen nur die ersten 4 Capitel des Tomus in Betracht. [2])
Athanasius setzt hier zunächst im allgemeinen auseinander,
dass man mit denen, welche die arianische Häresie aufzu-
geben bereit seien, fürderhin Gemeinschaft halten solle, damit es überall heiße: εἷς κύριος μία πίστις (cp. 1). Er selbst
habe dringend gewünscht, die in Antiochien wegen dogmatischer Differenzen entstandenen Streitigkeiten zu schlichten,
doch sei er durch die Angelegenheiten der eigenen Diöcese
verhindert, diese Absicht auszuführen, und die Synode sende
daher den Eusebius (von Vercellae) und den Asterius (von
Petra) als Vermittler nach Antiochien (cp. 2). Unter Anerkennung der Gemeinde des (Presbyter) Paulinus als der
eigentlich glaubenstreuen — an sie ist der Brief überhaupt
gerichtet — ermahnt er dazu, besonders die (um den verbannten Bischof Meletius gescharte) Gemeinde in der antiochenischen Altstadt und Alle, welche die arianische Häresie
abschwören wollten, als christliche Gemeinde anzuerkennen.
Wie Väter die Söhne, als Lehrer und Leiter, soll man sie
aufnehmen und als Maßstab der Christlichkeit nichts verlangen als Bekenntnis zum nicänischen Glauben und Ab-

---

1) Hist. eccl. V, 12 berichtet über die gleichzeitigen Ereignisse.
Auch die vita aceph. a. a. O. p. 155 erwähnt die Synode nicht. Da
Sozomenos auch sonst von dieser Quelle und zwar gerade für diese
Zeit abhängig ist (vgl. Anhang I e), so ist jene Auslassung vielleicht
in dieser Beziehung zu suchen.

2) Nur sie beschäftigen sich direkt mit Antiochien. In den folgenden Capiteln wird der dortigen Gemeinde Auskunft über die anderen Verhandlungen der Synode erteilt. Die in cp. 5 und 6 incri-
minierten und gerechtfertigten Parteien, deren eine allerdings bereits
die sogenannte jüngere nicänische Auffassung zu vertreten scheint,
müssen auf der Synode selbst vertreten gewesen sein. Jedenfalls darf
man daraus keinen Schluss auf die dogmatische Stellung der meletianischen Gemeinde in Antiochien ziehen. Ihrer wird im Kontext des Tomus als einer nicht nicänischen gedacht; vgl. weiter unten.

schwören der arianischen und pneumatomachischen Häresie.[1]
Auch die Gemeinde der Altstadt dürfe das Gleiche, aber
nicht mehr, von den Paulinern verlangen (cpp. 3. 4.).

Die Gemeinde des Meletius[2] wird also hier deutlich von Anderen, die etwa sonst noch zum Nicänum sich
bekehren möchten, unterschieden: doch nicht so, als sei sie
selbst schon nicänisch gewesen. Vielmehr zwingt weder
der Context zu dieser Auffassung, noch erlaubt uns das,
was wir sonst von Meletius wissen, anzunehmen, dass er
anders als Basilius und Georgius, also homöusianisch, gedacht habe. Die Predigt, wegen welcher er verbannt wurde,
ist nicht nicänisch, vermeidet vielmehr jede dahin lautende
Formulierung[3], und auch die Interpretation, welche die unter
ihm im Jahre 363 gehaltene Synode zum Bekenntnis des
nicänischen Glaubens hinzufügte, dass nämlich ὁμοούσιος mit
ὅμοιος κατ' οὐσίαν zu deuten sei[4]), geht noch nicht viel über

---

1) Das wird besonders betont: παρακαλοῦμεν ὑμᾶς ἐπὶ τούτοις
γίνεσθαι τούτων τὴν ὁμόνοιαν, καὶ μηδὲν πλέον τούτων μήτε τοὺς ἐν τῇ πα-
λαιᾷ συναγομένους ἀπαιτεῖσθαι παρ' ὑμῶν, μήτε τοὺς περὶ Παυλῖνον ἕτερόν
τι μηδὲ πλέον τῶν ἐν Νικαίᾳ προβάλλεσθαι.

2) Die Genesis der antiochenischen Streitigkeiten und ihre Geschichte bis auf das Jahr 362 muss ich als bekannt voraussetzen. Man
vgl. den Artikel von Möller bei Herzog IX, 530 ff. und die Darstellung
von Rade a. a. O. p. 74 ff.

3) Gwatkin a. a. O. p. 183: the sermon proved decidedly Nicene.
Dem widerspricht der Text der Predigt bei Epiph. LXXIII, 29—33
(vgl. Möller a. a. O. p. 531 und Hort, two dissertations p. 96 Note 1).
In cp. 31 wird die Homöusität im Sinne des Basilius deutlich ausgesprochen. Meletius hatte außerdem Beziehungen zu Acacius von Caesarea (Epiph. a. a. O. 23) und hatte die Formel von Nice (Philos. V 1,
vgl. mit IV, 12 gegen Ende) unterschrieben.

4) Vgl. die Synodalepistel bei Socr. III, 25. Auch diese Formulierung ist ein Zeichen dafür, wie langsam die Umbildung der Homöusianer in die jüngeren Nicäner vor sich gegangen ist. Man kann
Ähnliches an Cyrill von Jerusalem beobachten (vgl. Hort a. a. O.).
Aber die Jahre nach 362 sind freilich die entscheidenden gewesen. —
Wenn übrigens Epiph. LXXIII, 34 in seiner Beurteilung des Meletius
und seiner Gemeinde dieselbe als nicänisch prädiciert, so fügt er
hinzu νυνί, und das heißt zwischen 374/377: denn in diesen Jahren

4

den Umfang des von Basilius zu Ancyra und in seinem Aufsatz von 359 Angestrebten hinaus.

Diese homöusianische Gemeinde durch das Bekenntnis
zum Nicänum mit dem »rechtgläubigen Stamm« zu vereinigen,
war die Absicht des Athanasius und der alexandrinischen
Synode. Es erscheint wie eine Ironie, dass der erste Versuch, eine praktische Annäherung der Parteien zu bewirken,
von einer Seite aus vereitelt werden sollte, von der es Athanasius nicht erwarten konnte.

Lucifer von Calaris war auf die Nachricht von dem
Edikte des Julian aus der oberen Thebais, wohin er zuletzt exiliert worden war, zurückgekehrt und mit Eusebius
von Vercellae zusammengetroffen. Dieser machte ihm den
Vorschlag, mit ihm nach Alexandrien zu gehen, um dort
gemeinsam mit Athanasius die kirchlichen Notstände zu be-
rathen [1]. Lucifer schlug das aus einem uns nicht bekannten
Grunde ab und sandte an seiner Stelle zwei Diaconen [2] nach
Alexandrien. Er selbst zog es vor, sofort nach Antiochien
zu eilen, wo er seine Anwesenheit nötig glaubte. Doch gab
er seinen Gesandten Vollmacht, in seinem Namen die even-
tuellen Beschlüsse der Synode gut zu heißen. Er fand eine
rechtgläubige Gemeinde unter dem Presbyter Paulinus, die
Gemeinde in der Altstadt, deren Bischof wahrscheinlich noch
nicht aus der Verbannung zurückgekehrt war, [3] und die

---

hat er sein Werk abgefasst. Dass er den Meletius als verbannt vor-
aussetzt, bezieht sich auf dessen zweite Verbannung unter Valens.

1) Quellen für diese und die folgenden Notizen sind Rufin I,
27. 30. Socr. III, 5. 6. 9. Sozom. V, 12. 13. Theod. III, 4. 5. Im
Ganzen und Großen reducieren sich die Angaben der letzteren auf
die des Rufin (Sozom. ist von Socr. ganz abhängig); doch mögen einzelne Zusätze des Socrates aus anderer, jedenfalls nicht mehr zu be-
stimmender Quelle stammen (so Jeep a. a. O. p. 108). Ebenso nahe liegt
freilich die Annahme einer ungenauen Lektüre.

2) Dies berichtet der Tomus ad Antiochenos, der auch die
Namen Herennius und Agapetus nennt, und wir können daran nicht
zweifeln. Rufin spricht allerdings sowohl I, 27 als I, 30 von einem
Diakonen. Ihm sind Socr. und Sozom. gefolgt.

3) Wenigstens ist das nirgends berichtet, und es wäre doch auffallend, wenn er bei der Wahl des Paulinus gar nicht opponiert hätte.

homöische unter Euzoius. Er zögerte keinen Augenblick,
der Gemeinde des Paulinus in der Person ihres bisherigen
Leiters einen Bischof zu geben, indem er dabei wahrscheinlich von Cymatius von Paltus und Anatolius von Euboea[1])
unterstützt wurde.

In diesem raschen Verfahren liegt doch zunächst nichts
Auffallendes. Lucifer war nach Antiochien gekommen, in
der Absicht, dem Streit ein Ende zu machen. Die Gemeinde
des Euzoius kümmerte ihn selbstverständlich überhaupt nicht.
Dass man mit den Meletianern anders verfahren sollte als
mit jenen, wusste vor dem Concil von Alexandrien Niemand.
Auf dieser Synode selbst war eine Partei aufgetreten, welche
der milden Politik des Athanasius auf das Lebhafteste oppo-
nierte und es nach dem Bericht des Rufinus[2]) sogar durchsetzte, dass man von den anerkannten Führern der Gegner
für den Fall ihres Übertrittes verlangte, dass sie sich zu
Laien degradieren ließen. Überhaupt war die versöhnliche
Stimmung, wie sie durch Hilarius und Athanasius angebahnt
wurde, damals keineswegs Gemeingut: vielmehr war man
vielfach der Ansicht, dass, wer die vierte sirmische Formel
unterschrieben habe, durchaus als Ketzer zu behandeln sei[3]).
Lucifer handelte daher sicherlich in dem guten Glauben, den
richtigen Weg ergriffen zu haben.

Da langte Eusebius von Alexandrien mit dem Brief
der Synode, den er sowohl wie die Diakonen des Lucifer
unterschrieben hatte, in Antiochien an. Er überbrachte die

---

1) Beide waren in Antiochien anwesend und werden im Tomus
ausdrücklich unter den Empfängern des Briefes genannt.

2) Rufin I, 27: aliis videbatur fidei calore ferventibus, nullum
debere ultra in sacerdotium recipi, qui se utcumque haereticae communionis contagione maculasset; und gleich darauf: die Synode beschloss: ut tantum perfidiae auctoribus amputatis reliquis sacerdotibus
daretur optio — —. Vgl. dazu Hieron. dial. Lucif. cp. 20: in Alex.
synodo constitutum est, ut exceptis auctoribus haereseos quos error
excusare non poterat, reliquis — —. Der Tomus weiß nichts davon;
trotzdem kann die Notiz des Rufin richtig sein.

3) Vgl. Sulp. Sev. II, 45: — cum plerisque videretur non ineundam cum his communionem, qui ariminensem synodum recepissent.

Aufforderung, mit den bisher für Ketzer Gehaltenen Gemeinschaft zu pflegen und dementsprechend die Verhältnisse zu
ordnen. Er fand sie geordnet, freilich in einer Weise, welche
den Anordnungen des Concils widersprach. Noch jetzt er-
sehen wir aus den Andeutungen der Historiker, wie peinlich
die Lage gewesen sein muss. Eusebius, mag er nun auf
Lucifers Schritt vorbereitet gewesen sein oder nicht, [1]) befand
sich vor einem fait accompli: Paulinus war ordnungsmäßig
geweiht, noch dazu von einem Bischof, den man in erster
Linie als Verteidiger der Rechtgläubigkeit schätzte. Eben
die Achtung vor Lucifer wird den Eusebius bewogen haben,
die Dinge durch sein Eingreifen nicht noch verwickelter zu
machen. Es ist nicht ganz klar zu stellen, ob er Lucifer
noch in Antiochien antraf, da uns Socrates versichert,
derselbe habe sofort nach der Ordination des Paulinus die
Stadt verlassen. [2]) Darum wissen wir nicht, ob und wie weit
es zu persönlichen Auseinandersetzungen zwischen Beiden
gekommen ist. Eusebius, auch hierin der bisher befolgten
Anordnung des Concils getreu, blieb mit Paulinern und Meletianern in Kirchengemeinschaft [3]) und versprach bei seiner
Abreise, darauf hinzuwirken, dass ein Concil die Verhältnisse
im Sinne Aller ordne. [4])

---

1) Rufin I, 30 sagt, dass Lucifer den Paulinus contra pollicita-
tionem (nämlich gegen ein dem Eusebius gegebenes Versprechen) geweiht habe. Dann müssten Verhandlungen über diesen Punkt zwischen
beiden voraufgegangen sein.

2) Socr. III, 6 am Schluss. Die Erzählung in III, 9 setzt die
Anwesenheit des Lucifer in Antiochien nicht voraus.

3) Neutri parti communionem suam relaxans. Rufin I, 30.

4) Es liegen in dem Bericht des Rufinus über diese Sache einige
Schwierigkeiten, die ich nicht zu lösen vermag. Es heißt im Anfang
von cp. 30 ausdrücklich: sed Eusebius cum (nach der Synode von
Alexandrien) rediisset Antiochiam et invenisset — —. Das setzt
voraus, dass er vorher in Antiochien war, wovon wir doch nichts
wissen. Bei dieser Annahme könnte man auch die folgenden Worte:
abscessit, neutri parti communionem suam relaxans, quia digrediens
inde promiserat se acturum in concilio, ut is iis ordinaretur episcopus, a quo pars neutra desciscerit, auf diese frühere Anwesenheit

Wie aber stellte sich Lucifer? Die Charakteristik nach
seinen Schriften hat uns gezeigt, dass der Bischof in Folge
seiner theologischen Unwissenheit dem Gange der Entwickelung der Dinge zu folgen nicht vermocht hätte, wenn er es
auch wollte. Aber seine ganze Gemütsart, sein brennender
Eifer gegen Andersgläubige, seine fanatische Orthodoxie ließ
auch nicht einmal das Bedürfnis in ihm aufkommen, einer
Politik der Vermittlung, wie sie Athanasius eingeleitet hatte,
zuzustimmen. Was waren denn diese Meletianer anders als
Ketzer, als negatores unici Dei filii? Und vertrat nicht die
kleine paulinische Gemeinde mit Eifer die Rechtgläubigkeit
in der Form, welche Lucifer für die allein seligmachende
hielt? Wäre es nicht dem Abfall vom rechten Glauben gleich-
gekommen, wenn er einen pseudepiscopus Arianus — als
solcher galt ihm auch Meletius — als katholischen Bischof
anerkannt hätte. Und nun hatte gar Athanasius, der Hort
der Rechtgläubigkeit, der soviel für die gute Sache erduldet
und den er selbst dafür hochgepriesen hatte, nachgegeben
Er war bereit mit den Ketzern Gemeinschaft zu halten!.

Rufin möchte den Anlass zur Separation in der Missstim-
mung gegen Eusebius suchen. Man braucht nicht nach solchen auf der Oberfläche liegenden Motiven zu greifen [1]): es
ist der Bruch des Rigoristen, wenn man will, des Ultracon-
servativen, mit den Realpolitikern.

Denn zum B r u c h e ist es nun gekommen: seine Diakonen, welche in seinem Namen die Synodalepistel unterschrieben hatten, mochte Lucifer zwar nicht desavouieren.

---

beziehen; das erwähnte Concil wäre das von Alexandrien. Man könnte
noch weiter gehen und sagen, Lucifer und Eusebius seien beide zunächst nach Antiochien gegangen; Eusebius von dort nach Alexandrien,
indem er dem Lucifer das Versprechen abnahm, während seiner Ab-
wesenheit nichts zu unternehmen (vgl. p. 52 Note 1). Nur ist diese
erste Reise durch nichts zu belegen.

1) Vgl. auch Hieron. Lucif. cp. 20: praetereo illa quae quidam
ex maledicis quasi satis firma defendunt: hoc illum amore gloriae et
nominis in posteros transmittendi fecisse: necnon et pro simultate,
quam adversus Eusebium propter Antiochenam dissensionem susce-
perat. Nihil istorum de tali viro credo. — —.

Er selbst hob die Kirchengemeinschaft mit den bisherigen Freunden auf.

Dieser letzte Satz ist freilich ein umstrittener, und von jeher haben sich hier die Meinungen gegenüber gestanden. Da Lucifer wenigstens auf seiner Insel als Heiliger verehrt wird, [1] so haben begreiflicherweise katholische Auctoren ein Interesse daran, anzunehmen, dass Lucifer entweder selbst überhaupt nicht zum Schismatiker geworden oder doch vor seinem Tode in den Schoß der Kirche zurückgekehrt sei.

Was die erste Frage anbetrifft, so ist freilich nicht zu verkennen, dass schon unsere erste Quelle, Rufin, sich mit einiger Reservation äußert. Trotzdem kann man auch seine Worte nicht anders deuten, als dass Lucifer thatsächlich, unzufrieden mit den bisherigen Freunden, sich von der Gemeinschaft mit ihnen zurückzog. [2] Diese Ansicht ist deutlich ausgesprochen von Hieronymus, [3] der im Übrigen mit der größten Achtung von dem Bischof spricht; und ebenso äußern sich Augustin, [4] Ambrosius [5] und Sulpicius Seve-

---

1) Vgl. hierüber den Anhang III.

2) Rufin I, 30: diu ergo de hoc multumque deliberans cum ex utraque parte concluderetur, elegit, ut legato suo recepto erga caeteros sententiam disparem, sed sibi placitam custodiret. Igitur reversus ad Sardiniae partes sive quia cita morte praeventus tempus sententiae mutandae (!) non habuit sive hoc animo immobiliter sederat, parum firmaverim.

3) Hieron. a. a. O. in tali articulo Ecclesiae, in tanta rabie luporum, segregatis paucis ovibus, reliquum gregem deseruit. — — nihil istorum de tali viro credo (vgl. p. 53 Note 1) unum est quod constanter loquar, verbis eum a nobis dissentire, non rebus — —.

4) August. ep. 135 bei Migne XXXIII, 813: sic multitudinibus per schismata et haereses pereuntibus subvenire consuevit. Hoc displicuit Lucifero quia factum est in iis suscipiendis atque sanandis qui veneno perierant ariano; et cui displicuit in tenebras cecidit schismatis amisso lumine veritatis.

5) Ambros. de excessu Satyri cp. 47 (Migne XVI, 1362/63): Lucifer se a nostra tunc temporis communione diviserat, et quamquam pro fide exulasset et fidei suae reliquisset haeredes, non (?) putavit tamen fidem esse in schismate.

rus.[1]) Seine Anhänger, Faustinus und Marcellinus lehnen zwar ab, dass er ihnen neue Lehren hinterlassen habe,[2]) sind aber sonst der Ansicht, dass er sich von allem Verkehr mit denen, welche die Ketzer aufnahmen, freigehalten habe. Socrates[3]) und Sozomenos[4]) äußern sich so unbestimmt, dass man ihre Worte drehen und deuten kann. Dazu beweist schließlich das Vorhandensein einer Sekte, die man nach ihm nannte, wenn ihre Vertreter auch unter Umständen die Bezeichnung ablehnen mochten,[5]) die Thatsache, dass Lucifer mit der Großkirche gebrochen hat.

Dass man aber über diesen Punkt nicht zur völligen Klarheit kommen kann, ist freilich die Folge davon, dass man über die letzten Lebensjahre des Mannes überhaupt fast gar nichts weiß. Nach jener Katastrophe hatte er seinen Weg über Italien nach Sardinien zurückgenommen. In dem libellus precum wird erzählt, dass er auch in Neapel eine ähnliche Scene wie in Antiochien provociert habe, indem er dem Bischof Zosimus, der an Stelle des rechtgläubigen, verbannten Maximus gesetzt war, die Kirchengemeinschaft verweigerte. Die ihm von Lucifer geweissagte göttliche Strafe für seine Anmaßung soll Zosimus pünktlich erlitten haben.[6])

Noch einige Jahre mag Lucifer in seiner Diöcese ge-

---

1) II, 45: in tantum eos qui Arimini fuerant, (Lucifer) condemnavit, ut se etiam ab eorum communione secreverit, qui eos vel sub satisfactione vel poenitentia receperint. Dadurch will er freilich kein abschließendes Urteil über Lucifer fällen: id recte an perperam constituerit dicere non ausim.

2) lib. prec. cp. 24.

3) Socr. III, 9: Λούκιφερ, αὐτὸς μὲν τὰ τῆς ἐκκλησίας φρονῶν, εἰς τὴν Σαρδονίαν ἐπὶ τὸν οἰκεῖον θρόνον ἀπεχώρει. οἱ δὲ πρότερον συλλυπηθέντες αὐτῷ ἔτι καὶ νῦν τῆς ἐκκλησίας χωρίζονται.

4) Sozom. V, 13: οἱ γὰρ ἐπὶ τούτοις αὐτῷ συναχθόμενοι, σφᾶς τῆς ἐκκλησίας ἀπέσχισαν. αὐτὸς δὲ, καίπερ ὑπὸ τῆς λύπης κρατούμενος — —, ὁμοφρονῶν τῇ καθόλου ἐκκλησίᾳ, εἰς Σαρδονίαν ἀφίκετο. Dürfte man auf Sozomenos überhaupt etwas geben, so würde dies Zeugnis gegen unsere Ansicht aufzuführen sein.

5) lib. prec. a. a. O.

6) a. a. O. cp. 7. — Die acta des Maximus finden sich bei Mazochius a. a. O. p. 577 ff.

wirkt haben und hat vielleicht einen nicht geringen Einfluss
auf die Stimmung der Sardinier ausgeübt. [1] Man möchte
ihm dadurch eine Art von Ehrenrettung zu Teil werden
lassen, dass man annimmt, ein schneller Tod habe ihn an
der Versöhnung mit der Kirche verhindert. [2] Dem steht das
Zeugnis des Hieronymus entgegen, dass er im Jahre 370
gestorben ist. [3]

»371 : Athanasius und Lucifer werden endlich im Tode
ruhig; zwei Männer, die mit ganz verschiedenen Mitteln und
Fähigkeiten auf einen Zweck hinarbeiteten«. Diese Worte
Spittlers [4] — die freilich einen chronologischen Irrtum enthalten [5] — überraschen durch ihre prägnante Schärfe. Vielleicht aber hat unsere Darstellung gezeigt, dass so verschiedene Mittel bei so verschiedenen Fähigkeiten es zweifelhaft erscheinen lassen, ob wirklich auch der Zweck der gleiche
war. Freilich, Athanasius und Lucifer haben beide für die
Rechtgläubigkeit gekämpft und gelitten, aber Athanasius
stellte seine Kräfte in den Dienst der Kirche und ihrer Eini-
gung; Lucifer wertete die Partei höher als das Ganze. Athanasius: hochgebildet, gleich groß als Staatsmann und als
Theologe, beide Eigenschaften vereinend in einer weitherzigen
Persönlichkeit, konsequent und beharrend, doch nicht fana-
tisch, stets den Blick auf das Ganze richtend und den Fortschritt der Dinge stets beachtend, beherrscht sein Jahrhundert, gleich reich an Gedanken wie gewaltig in ihrer Durch-
führung. Lucifer: ohne höhere Bildung, ein ehrlicher Christ

---

1) Vgl. darüber wie über den Besuch des Gregorius von Elvira
auf Sardinien unten Cap. II.

2) So schon Rufin a. a. O. Vgl. p. 54 Note 2.

3) Hieron. Chron. ad ann. 370: Lucifer Calaritanus episcopus
moritur, qui cum Gregorio episcopo Hispaniae et Philone Libyae numquam se arianae miscuit pravitati.

4) In der Tabelle zur zweiten Periode der Kirchengeschichte.

5) Athanasius ist am 3. Mai 373 (vgl. vita aceph. Sievers a. a. O.
p. 161) gestorben; betreffs Lucifer könnte man schwanken zwischen
370 und 371, da neben der Angabe des Hieronymus (vgl. Note 3) auch
Gratiano II et Anicio coss. (vgl. Coleti proleg. p. L), also 371, sich
findet.

von polternder Aufrichtigkeit, mit der Beschränktheit und dem Fanatismus eines Puritaners, weder Theolog noch Staatsmann, hat die Zeichen seiner Zeit nicht verstanden und nicht verstehen wollen, sondern hat gegrollt mit dem Fortschritt, den er nicht zu hindern vermochte.

Die Geschichte ist über ihn hinweggegangen, wie sie über den Versuch des Constantius, der christlichen Kirche eine Formel aufzuzwingen, der die innere Kraft fehlte, hinweggegangen ist. Eines ist geblieben und hat die Jahrhunderte hindurch geherrscht: der Gedanke des Athanasius.

Capitel II.

Das Schisma der Luciferianer.

Man befindet sich in der eigentümlichen Lage, bei der Betrachtung des sogenannten 'luciferianischen Schisma ganz absehen zu dürfen von der Person des Mannes, von dem dasselbe seinen Namen trägt. Zwar fanden wir in seinen Schriften Ansätze genug, welche es uns psychologisch erklärten, dass dieser Mann zum Schismatiker werden konnte; wir glaubten auch auf Grund der Quellen annehmen zu können, dass er es wirklich geworden ist; aber wie es sich auch damit verhalten möge und bis zu welchem Grade er selbst auch das Schisma organisiert haben mag, als eine greifbare historische Größe tritt uns dasselbe erst in seinen Anhängern entgegen.

Wir werden, bevor wir den Charakter des Schisma erwägen und seiner Träger gedenken, zuerst einen kurzen Überblick über die hauptsächlichsten unserer Quellen voraufschicken müssen.

I.

Die Art des Schisma betreffend ist als Hauptquelle zu nennen des Hieronymus altercatio Luciferiani et Orthodoxi, gewöhnlich als Dialogus contra Luciferianos, doch ohne handschriftlichen Grund, citiert. [1] Dieser Dialog,

---

1) edid. Martianay IV, 2 p. 289—306. Vallarsi II (edit. I u. II) 169—202, abgedruckt bei Migne XXIII.

von dem man mit Recht urteilt, dass er mit einer Milde geschrieben sei, welche die späteren Streit- und Schmähschriften
des Hieronymus vermissen lassen, [1]) giebt eine deutliche Darlegung der Ansichten der Luciferianer: dieselben werden ohne
Parteilichkeit entwickelt, und wenn auch begreiflicherweise der
Dialog von vorne herein auf die Niederlage des Luciferianers
angelegt ist, so wird demselben doch Raum genug für eine freie
und ausführliche Entwicklung seines Standpunktes gelassen.
Wie weit der Dialog, der geschickt eingeleitet ist, sich an
ein wirkliches Ereignis anlehnt, ist eine müßige und gleich-
gültige Frage. Er setzt jedenfalls voraus, dass Hieronymus
Luciferianer gekannt und mit ihnen disputiert haben muss.

Das führt uns zu der Frage, wann dieses Buch und wo
es geschrieben ist. Man hat seit Martianay angenommen,
es sei vor Ostern 379 während des Aufenthaltes des Hieronymus in Antiochien geschrieben. Dorthin hatte sich Hieronymus nach seinem Aufenthalte in der syrischen Wüste be-
geben; er war nach längerem Schwanken, welche Partei er
in der noch immer nicht beigelegten sogenannten meletianischen Streitigkeit nehmen solle, [2]) dem Paulinus beigetreten
und von diesem wider seinen Willen zum Presbyter geweiht
worden. Der Hauptgrund für diese Datierung ist, dass Hieronymus in der Aufzählung seiner Werke, welche er in de
vir. illustr. 135 giebt, und welche sich im übrigen genau
nach der Zeitfolge richtet, dem Dialoge seine Stelle vor dem
Chronicon anweist, welches er 380 in Constantinopel verfasst hat. Vor dem Dialog steht der Brief an den Helio-
dorus, welcher noch in der Wüste von Chalcis verfasst ist.
Unter diesen Umständen erscheint die Abfassung in Antiochien sehr wohl möglich, zumal während des Hieronymus
Anwesenheit oft genug die Rede auf des Paulinus Ordination

---

1) So zuerst von Cölln bei Ersch und Gruber. Dann Zöckler, Hieronymus, der unseren Dialog p. 77—80 bespricht, und Freemantle im
D. C. Biogr.

2) Vgl. ep. 15. 16 an Damasus; im übrigen siehe Rade, Damasus
p. 94 ff.; Zöckler a. a. O. p. 69 ff.

durch Lucifer und das von dem Letzteren veranlasste Schisma
gekommen sein mag.

Dem gegenüber meint Möller[1] die Abfassung des Dialoges auf 382 zu Rom ansetzen zu müssen, in eine Zeit, als
Hieronymus bereits die rechte Hand des Damasus war. Diese
Ansicht stützt sich zunächst darauf, dass keine Stelle der
Schrift darauf hinweist, dass sie in Antiochien geschrieben
sei. Im Gegenteil, die Antiochena dissensio wird cp. 20 in
so kühl referierender Weise erwähnt, dass man schließen
möchte, so habe der Schriftsteller an Ort und Stelle nicht
schreiben können.[2] Dass Hieronymus sich an einer Stelle
auf die Akten der Synode von Ariminum beruft und für eine
genauere Kenntnis dieser ganzen Zeit auf die publica scrinia
verweist, denen auch er seine Notizen entnommen haben will,
lässt vermuten, dass er sich in Rom befand und aus römischen Archiven die betreffenden Aktenstücke einsah.[3] Vor
allem aber, in Rom kam es bis zum Jahre 382 mehrfach zu
lebhaften und stellenweise gewaltthätigen Auseinandersetzungen mit den Luciferianern, gegen die sich der Bischof Damasus zu wenden hatte: Hieronymus war damals in Rom, und zu
des Damasus Unterstützung wird er die Schrift geschrieben
haben.

Zunächst ist zu sagen, dass man innere Gründe für die
Abfassung in Antiochien überhaupt nicht hat, denn es ist
nur eine Folgerung, welche Zöckler aus dem ihm bereits
feststehenden Resultate abstrahiert hat, wenn er behauptet,
dass zu Antiochien die Partei der Luciferianer eine besonders
regsame gewesen sei und dass deshalb Hieronymus seine
Schrift gegen sie gerichtet habe.[4] Von Luciferianern in An-

---

1) R. E. IX, p. 110 Note. Herr Professor Möller war so freund-
lich, mir seine Gründe für diese Ansicht schriftlich mitzuteilen.

2) Aus der verderbten Stelle im Anfang des cp. 20, die verschiedene Conjecturen ermöglicht, lässt sich nichts schließen.

3) cp. 18: quod si quis a nobis fictum putat, scrinia publica
scrutetur. — — quae si quis plenius discere cupit, in Ariminensis
synodi actis reperiet, unde et nos ista libavimus.

4) Zöckler a. a. O. p. 78.

tiochien wissen wir lediglich nichts, haben sogar keinen
Grund zu der Annahme, dass die Partei dort überhaupt Anhänger gehabt hat. Ebenso voreilig aber ist die Behauptung
in der praefatio zum Dialoge: [1] — — nam et Antiochiae
Luciferianus atque Orthodoxus altercati sunt et proxime ab
illa altercatione scribere se Hieronymus profitetur. Das Letztere ist freilich richtig: aber nirgends steht, dass man zu
Antiochien gestritten habe. Darum ist auch der Satz Zöck-
lers: [2] »auf einem öffentlichen Platz in Antiochien beginnt
jener Luciferianer etc.« einfach aus der Luft gegriffen. Alle
diese zuversichtlichen Behauptungen sind gemacht, und die
Datierung des Dialoges auf das Jahr 379 und nach Antiochien findet ihre Begründung einzig und allein in der oben
angeführten Stelle bei Hieron. cat. 135.

Andererseits kann nicht geleugnet werden, dass dieses
Argument schwer ins Gewicht fällt gegen die Ansetzung der
Schrift auf 382. Hat man keine Daten, welche die Abfassung zu Antiochien auch nur erklärlich erscheinen ließen,
so steht jener anderen Annahme keinerlei äußere Bezeugung
zur Seite. Aber das steht außer Zweifel, dass dieselbe es
uns ermöglichen würde, dem Gemälde, welches der Dialog
vor uns aufrollt, einen historischen Hintergrund zu geben,
von dem es sich hell abheben würde. Auch die Erwähnung
des Diakonen Hilarius und die Kenntnis seiner Ansichten
betreffs der Ketzertaufe ist in Rom weit eher verständlich
als in Antiochien, wo man schwerlich von demselben auch
nur gewusst haben wird. Denn nach allem, was wir wissen,
stand jener Hilarius mit seinen Ansichten allein.

Auf eine bestimmte Entscheidung [3] wird man somit ver-

---

1) Bei Vallarsi II. p. 169.
2) Zöckler a. a. O.
3) Dieselbe lässt sich auch nicht durch eine Vergleichung der
Bibelcitate des Büchleins herbeiführen. Dieselben repräsentieren einen
Text, der immerhin der Vulgata noch fern steht. 382 begann Hieronymus seine Übersetzung mit dem neuen Testament. Die neutestamentlichen Citate des Dialogs geben einen Mischtext zwischen der
von Sabatier aufgenommenen Latina und der Vulgata.

zichten müssen, wenn man sich innerhalb des Rahmens
dessen halten will, was die Quellen und die historische Combination an die Hand geben. Übrigens würde dieselbe an
dem Werte der Quelle für unsere Zwecke wenig ändern,
und erscheint daher unter diesem Gesichtspunkte als eine
Frage von geringem Belang.

Unsere zweite Hauptquelle giebt über den Charakter des
Schisma nur gelegentliche Aufschlüsse, da sie sich hauptsächlich mit den Schicksalen der Träger desselben beschäftigt. Sie ist für uns von um so größerer Wichtigkeit, je
weniger wir sonst von einzelnen Luciferianern und von der
Verbreitung derselben in den verschiedenen Landesteilen
wissen. Diese Quelle ist des Faustinus und Marcellinus libellus precum ad imperatores. [1]) Betreffs dieser Schrift
kann man nicht zweifeln, dass dieselbe 383 oder 384 zu
Constantinopel dem Kaiser Theodosius übergeben worden ist.
Derselbe hat jedenfalls den in der Bittschrift ausgesprochenen
Wünschen in einem Reskript an den praefectus praetorio
Cynegius im Jahre 384 entsprochen. [2])

Die Bittschrift ist direkt hervorgerufen durch Belästi-
gungen und Gewaltthätigkeiten, denen die beiden Presbyter
speziell während eines Aufenthaltes in Palästina ausgesetzt
waren, von denen aber die Luciferianer überhaupt an einer
Reihe von Orten betroffen worden zu sein scheinen. Solche

---

1) Faustini et Marcellini presbyterorum partis Ursini libellus precum ad imperatores Valentinianum, Theodosium et Arcadium; abgedruckt in Bibl. Max. Lugd. V, 652 ff., bei Gallandi VII, 441 ff. (vgl.
auch prolegomena XIII—XV) und bei Migne XIII, 81 ff. (vgl. col.
29 ff.). Eine genaue Übersicht über die bis zum Jahre 1770 erschie-
nenen Ausgaben bei Schönemann, Bibl. T. I, 547/554 (vgl. Migne XIII,
col. 34 ff.).

2) Vgl. die proleg. bei Gallandi und Rade a. a. O. p. 8 Note.
Arcadius ist Mitregent (nicht vor 383), Damasus ist noch am Leben
(nicht nach 384). Überreicht ist die Schrift nach cp. 3 in hac urbe
C. Politana. — Das Reskript des Theodosius bei Migne XIII, col.
107/108. Cynegius war praefectus praetorio seit Mitte Januar 384. —
Nicht unmöglich ist es, dass die Überreichung des libellus mit dem
im Juni 383 zu C. P. gehaltenen Concil von Bischöfen »aller« Parteien
(Socr. V, 10) in Verbindung steht.

Verfolgungen darzustellen, ihnen gegenüber das gute Recht der Luciferianer, als der eigentlich Katholischen, zu betonen und daran die Bitte zu knüpfen, die Kaiser möchten solches Unwesen und solche Unbilligkeiten nicht mehr dulden, bildet den Inhalt der Schrift, deren vielfach übertriebene und parteiische Ausführungen mit der größten Vorsicht aufzunehmen sind.

Dem libellus ist eine Vorrede voraufgeschickt, überschrieben de eodem schismate Ursini, welche gar keine Verwandtschaft mit dem Hauptteil der Schrift zu haben scheint: nur dass dieselben Presbyter sich am Schlusse als Verfasser nennen. Ob das Schisma des Ursinus in irgend welcher Beziehung zu dem luciferianischen steht, ist eine Frage, welche hier noch nicht untersucht werden kann, da sie in die Geschichte des Schisma übergreift. Dagegen ist schon hier zu sagen, dass man Grund genug hat, an der Identität der Verfasserschaft bei Vorrede und libellus zu zweifeln. [1]

Außer den Schriftstellern, welchen wir die Notizen über die Vorgänge zu Antiochien im Jahre 362 verdanken, haben sich mit den Luciferianern die sogenannten Ketzerkataloge beschäftigt, welche unter dem Namen des Augustinus, Praedestinatus, Pseudo-Hieronymus, Isidorus von Sevilla, Paulus, Honorius von Augustodunum und Gennadius[2] bekannt sind. Ihre Notizen, die sich mehr oder weniger reducieren lassen, geben uns im übrigen keinerlei nähere Aufschlüsse, als dass man die Luciferianer als Schismatiker, nicht aber als Häretiker betrachtete. Darum haben Epiphanius und Philastrius sie in ihre Listen überhaupt nicht aufgenommen. [3] Ein Problem

---

1) Vgl. weiter unten Abschnitt III.

2) Oehler, corpus haereseol. I. Die Stellen sind die folgenden: Aug. de haeres. 81. Praedest. 81. Ps.-Hieron. 25. Isidor. 56. Paulus 45. Honor. 71. Genn. 14.

3) Aug. a. a. O.: Luciferianos a Lucifero Calaritano episcopo exortos et celebriter nominatos nec Epiphanius nec Philastrius inter haereticos posuit: credo tantummodo schisma non haeresim eos condidisse credentes.

enthält aber die Notiz des Augustin, in welcher den Luciferianern ein materialistischer Irrtum betreffs der Entstehung
der Seele zum Vorwurf gemacht wird. Es heißt bei Augustin
im Anschluss an die Bemerkung, dass weder Epiphanius
noch Philastrius in den Luciferianern Häretiker haben sehen
wollen: apud quendam tamen, cuius nomen in eodem
eius opusculo non inveni, in haereticis Luciferianos po-
sitos legi per haec verba: Luciferiani, inquit, cum teneant
in omnibus catholicam veritatem in hunc errorem stultissimum
prolabuntur, ut animam dicant ex transfusione generari;
eademque dicunt et de carne et de carnis esse substantia.
Auf Grund dieser Stelle zweifelt Augustin, ob nicht doch
am Ende die Luciferianer unter die Ketzer zu setzen seien.
Interessant ist nun, dass Pseudo-Hieronymus [1] wörtlich
dieselbe Notiz und nur diese über die Luciferianer in sein
Werkchen, aufgenommen hat und zwar in einer Form, die
erkennen lässt, dass er selbst sie gemacht hat. Beruft sich
nun Augustin auf einen Anonymus, dem er seine Nachricht verdanke, so liegt der Schluss sehr nahe, dass er
aus eben diesem Werke seine Kunde genommen haben
möchte. Diese Annahme wird dadurch bestärkt, dass er im
folgenden Capitel bei Erwähnung der Jovinianer sich wiederum auf den Anonymus beruft, welcher die ihm freilich
auch sonst bekannte Sekte gleichfalls nenne. [2] Nun ist
man zwar der Ansicht, dass Pseudo-Hieronymus ein Excerpt
aus Isidor und anderen Schriftstellern sei und darum ganz
spät angesetzt werden müsse. Allein diese Ansicht ist eine
bloße, durch nichts gestützte Behauptung. [3] Im Gegenteil

---

1) A. a. O. Oehler p. 294. Ps.-Hieron. hat perlabuntur und in
der letzten Zeile eandemque. Das Letzte ist ohne Zweifel das Richtige.

2) Vgl. Aug. 13 mit Ps.-Hieron. 22.

3) Oehler, dessen Ausgabe übrigens eine vollständig unzuläng-
liche und oberflächliche ist, behauptet p. XIII: quaedam eius particulae
sunt ex Hieronymi de Ecclesiasticis Scriptoribus libro repetitae, alia
ex Isidoro, alia ex Gennadio, alia ex aliis, partim antiquioribus, scriptoribus desumpta. Er hat aber kein Argument für die letzteren Behauptungen beigebracht, und was die Benutzung des Catalogus be-

lassen sich außer dem angeführten, an sich schon durchschlagenden Argumente noch andere Gründe anführen, welche die Abfassung des Werkchens bereits um 400 sicher stellen. [1] Hieronymus selbst kann es nicht geschrieben haben; auch kannte es bereits Augustin als anonym. [2] Jedenfalls aber rückt es bei unserem Ansatz in eine wichtigere Stelle als bisher ein und verdient vielleicht auch in anderer Beziehung größere Beachtung, als ihm bisher zu Teil geworden ist. Was die Notiz ihrem Inhalt nach betrifft, so muss sie, da wir gar keine Mittel sie zu controllieren besitzen und des Irrtums der Luciferianer bei keinem anderen Schriftsteller Er

---

trifft, so zeigt unsere folgende Note, warum dieselbe durchaus nicht für Oehlers Ansicht spricht.

1) Dieselben hier in extenso vorzuführen, würde aus dem Rahmen des Themas herausfallen. Zu beachten ist Folgendes: der Verfasser hat einige Quellen selbständig benutzt. So hat er cp. 24 eine Ansicht über die Hierakiten, welche direkt aus Athan. de syn. 16, resp. dem dort angeführten Brief des Arius entnommen sein muss. Augustin und Praedestinatus haben andere Nachrichten. Der Verfasser kannte das bei Euseb. V, 20, 2, vgl. Hieron. cat. 35 erwähnte Werk des Irenäus περὶ ὀγδοάδος und entnahm aus ihm einige Notizen für sein cp. 6. Er benutzt an einer Reihe von Stellen — einige derselben sind von Oehler übersehen — den Catalogus des Hieronymus (vgl. Ps.-Hieron. 2 mit cat. 17; 17 mit 37; 19, 30, 31, 33, 36 mit cat. 40, 69, 93, 70 und 107). Dazu hatte er keine Veranlassung, wenn er ein bloßer Abschreiber war. Endlich ist die Aufmerksamkeit auf die bei Ps.-Hieron. erwähnten 10 vorchristlichen Häresieen zu lenken, welche genau dieselben sind, zu denen sich die Kataloge bei Just. Dial. 80 und Heges. bei Euseb. IV, 22, 7 ergänzen, wenn man nach einer mir notwendig erscheinenden, schon von Drusius ad loc. ausgesprochenen Conjectur bei Justin Herodianer statt Hellenianer liest. Hier liegt jedenfalls ein Rätsel vor.

2) Dass das Buch dem Hieronymus überhaupt zugeschrieben wird, ist lediglich Willkür des ersten Herausgebers; vgl. Oehler p. XII. Augustin a. a. O. 88 (Oehler p. 223) klagt darüber, dass er ein angebliches Werk des Hieronymus über die Häresieen nicht habe auftreiben können, als er seine Schrift ausarbeiten wollte. Das uns vorliegende, von ihm benutzte Werk kann also nicht von Hieronymus herrühren. Außer anderen spricht auch der Umstand dagegen, dass Hieronymus im Dialoge von der in Ps.-Hieron. ausgesprochenen Ansicht betreffend die Luciferianer gar nichts weiß.

wähnung geschieht,[1] vorläufig auf sich beruhen bleiben.
Dass katholische Schriftsteller Schismatiker in möglichst
schlimmen Geruch zu bringen suchten, dadurch dass sie ihnen
dogmatische Irrtümer und sittliche Schäden aller Art nach-
sagten, ist ja seit den Tagen Novatians zur Regel geworden.

II.

Das Concil von Alexandrien hatte, wie wir gesehen
haben, die Wiederaufnahme der Arianer in die Kirchengemeinschaft schon unter der Bedingung zugestanden, dass
dieselben sich zur Anerkennung des nicänischen Symbols
und damit verbundener Abschwörung und Verdammung der
arianischen Häresie bereit erklärten. Wir haben gesehen,
wie trefflich diese Bestimmung den Bedürfnissen der Zeit
entgegenkam und der Entwicklung der Dinge Rechnung trug.
Dennoch wäre es falsch zu glauben, dass man ihren Wert
überall anerkannt hätte. Auf der Synode selbst gab es eine
Partei, welche den entgegengesetzten Standpunkt einnahm,
und wir wissen auch sonst, dass besonders im Westen die
Stimmung den Bischöfen gegenüber, welche schließlich dem
Drucke des Kaisers und der Homöer nachgegeben hatten,
keine freundliche war.[2] Überall regten sich die Rigorosen,
und wir gehen wohl nicht fehl, wenn wir die Nachricht der
Kirchenhistoriker,[3] dass Hilarius und Eusebius bei ihrer
Heimreise aus der Verbannung überall dahin gewirkt hätten,
Zwistigkeiten beizulegen und Missverständnisse zu verhüten,
auch darauf beziehen, dass sie ihren versöhnenden Einfluss
verwandten, um die Gemeinden mit ihren Bischöfen einig
zu halten. Im großen und ganzen brach sich denn auch die

---

1) Genn. 14 kommt nicht in Betracht; vielleicht liegt hier Ab-
hängigkeit von Ps.-Hieron. vor.

2) Vgl. Sulp. Sev. II, 45, 5: Hilarius versuchte versöhnend zu
wirken cum plerisque videretur non ineundam cum his unionem, qui
Ariminensem synodum recepissent.

3) Socr. III, 9. 10. Sozom. V, 13. Vgl. auch die citierte Stelle
bei Sulp. Sev.

Ansicht mehr und mehr Bahn, dass jene Bischöfe, als sie die datierte Formel von Sirmium unterschrieben, in der guten Meinung, dass sie nichts den Glauben Schädigendes gethan, dem Drucke kaiserlicher Befehle nachgegeben hatten.

Nur an einzelnen Orten blieb die Opposition nicht nur lebhafter, sondern sie führte sogar zu schismatischen Bildungen: obwohl die Nachrichten sehr spärlich sind und wir nicht überall die Zusammenhänge klar zu erkennen vermögen, scheint doch sicher zu sein, dass eine, numerisch nicht sehr starke, aber einige angesehene Männer unter ihren Mitgliedern zählende Partei unter dem bestimmenden Einfluss des Lucifer von Calaris an der Opposition gegen jene Bischöfe bis zu dem Grade festhielt, dass sie die Gemeinschaft mit der gesamten katholischen Kirche aufhob. Diese Partei, welche, da sie sich für die allein katholische hielt, gegen jeden Sektennamen lebhaft protestierte, ward von den Gegnern als die luciferianische bezeichnet. [1]

Was wollten diese Männer? Ihre prinzipiellen Sätze finden wir im Dialoge des Hieronymus und bei Faustinus und Marcellinus; man hat überhaupt, und insbesondere wo es sich um die Aufnahme von Häretikern in die katholische Gemeinschaft handelt, zu unterscheiden zwischen Bischof und Laien. [2] Es ist freilich notwendig, um des Bestandes der Kirche willen, einen Laien, der zur arianischen Gemeinschaft gehörte, aufzunehmen, nachdem er Buße gethan; [3] auch haben ja die Laien als unmündige Glieder der Kirche darin ihre Entschuldigung, dass sie ihren Bischöfen blindlings gefolgt sind. [4] Auch einen Bischof mag man immerhin aufnehmen, doch kann er nicht mehr im Amte

---

1) lib. prec. cp. 24. Vgl. auch cp. 25.

2) Dial. cp. 4: numquam persuadebis id esse episcopum quod laicum poenitentem.

3) ibid. recipimus laicos, quoniam nemo convertetur, si se scierit rebaptizandum, et ita fiet, ut nos simus caussa perditionis eorum si repudientur.

4) cp. 12: sed laico ideo ignoscendum est, quia ecclesiam dei putans simpliciter accessit, et iuxta fidem suam credens baptizatus est.

bleiben. Denn auch von ihm muss man doch, da er Sünde
gethan hat, Buße verlangen; nun aber gesteht der Bischof,
wenn er Buße thut, selbst zu, dass er sündig gehandelt;
damit geht er aber selbstverständlich seines Amtes verlustig,
denn von dem Bischof muss man Reinheit des Charakters
verlangen. [1] Er, der die Herde zu leiten hat und die Ver-
antwortung für dieselbe trägt, darf sein Amt nicht dadurch
beflecken, dass er den Glauben verleugnet, dass er zu den
Ketzern abfällt, welche in jedem Falle den Heiden gleich
zu achten sind. [2] Das aber geschah, als die Bischöfe die
homöische Formel unterschrieben [3]: dieser Schritt war ein
ebenso verderblicher, als wenn sie heidnischen Götzen ihre
Opfer dargebracht hätten. [4] Darum muss sich der wahrhaft
Reine und Katholische von ihnen abwenden, denn die ganze
Kirche ist nun verpestet, sie ist zu einem Hurenhaus geworden. [5] Die Verderbnis der Welt hat sich der Kirche be-
mächtigt; im sorglosen und prunkvollen Leben der Bischöfe
tritt das am meisten hervor; darum haben sie auch so leicht
den Glauben vertauscht, weil sie auf diese Weise ihrem be-
quemen Leben nicht zu entsagen brauchen; darum sind sie
nun, nachdem das Blatt sich wieder gewendet hat, geneigt,
ihren Fehltritt rückgängig zu machen. Und solche, wahrlich
»vortreffliche« Bischöfe wagen es, die Rechtgläubigen, welche

---

1) cp. 5 : sacerdotem de gradu suo motum in eundem locum non
posse restitui, quia aut poenitens sacerdotio carebit aut in honore
persistens reduci in ecclesiam non poterit per ordinem poenitentis.
cp. 12 : episcopus aut poenitentiam non agit et sacerdos est, aut si poenitentiam egerit, esse episcopus desinit. Als Belege werden bekannte
Stellen der Bergpredigt und der Pastoralbriefe beigebracht.

2) Bei Lucifer passim; ebenso im Dialogus (vgl. vornehmlich
cp. 2) und im lib. prec.

3) lib. prec. cp. 5.

4) lib. prec. cp. 8 : non hoc minus sacrilegium est, non haec
minor impietas quam si sub persecutore gentili idolo sacrificatum
esset: quoniam et haeresi perterritum subscribere daemoniis sacrifi-
care est.

5) dial. cp. 1 : asserebat quippe Luciferianus universum mundum
esse diaboli, et ut iam familiare est iis dicere, factum de ecclesia lupanar.

keinen Drohungen, keiner weltlichen Gewalt, auch dem
Kaiser nicht, gewichen sind, zu verfolgen?[1]

In diesen Sätzen scheinen novatianische und besonders donatistische Gedanken in der modificierten Form
verwendet zu sein, dass, was in jenen von dem Verhalten
gegenüber den Heiden ausgesagt ist, hier auch auf die Ketzer,
speziell die Arianer, übertragen ist. Das würde keine prinzipielle Differenz, sondern nur eine den geänderten Zeitver-
hältnissen entsprechende Fortbildung bezeichnen.[2] Die Kirche
war jetzt in eine andere Stellung gerückt als zur Zeit der
Verfolgungen unter den heidnischen Kaisern. Damals galt
als Abfall von der Kirche, wenn man den Götzen opferte
oder den Heiden die heiligen Schriften auslieferte. Solche
lapsi waren jetzt nicht mehr zu bekämpfen. Seit Jahrzehnten
gab es einen christlichen Kaiser; die Kirche begann in die
Machtstellung einzurücken, welche einst das Heidentum behauptet hatte, und die Zeiten schienen nicht mehr fern, wo
das letztere gänzlich unterdrückt sein würde. Aber nun war
ein anderer Feind aufgetaucht: der Glaube der Kirche, von
den Vätern überliefert und auf Synoden festgestellt, war in
Gefahr. Hatte doch sogar ein christlicher Kaiser die Sache
der Gegner des wahren Glaubens zu der seinigen gemacht;
ja, er hatte, ganz wie die heidnischen Kaiser die Christen
überhaupt, angefangen, die Rechtgläubigen (d. h. eben die
einzig wahren Christen) zu verfolgen. Die Häresie hatte ihr
Haupt hoch erhoben; schien da nicht wiederum eine Reaktion

---

[1] lib. prec. passim; vgl. besonders die letzten Capitel. Das iro-
nische Beiwort egregius für die katholischen Bischöfe ist stehend.

[2] Eine prinzipielle Differenz findet man im meletianischen Schisma.
Dasselbe entstand aus ähnlichen Motiven zur Zeit, als es sich noch
um den Abfall zu den Heiden handelte. Aber die späteren Meletianer
haben ungescheut mit Arianern Gemeinschaft gehalten, und es bestand,
wie wir sehen werden, zwischen ihnen und den Luciferianern kein
Verhältnis. Vielleicht ist aber gerade ihr Verhalten den Arianern
gegenüber ein Beweis dafür, dass trotz ihrer rigoristischen Sätze
die Eifersucht gegen den Bischof von Alexandrien eine Hauptrolle
zunächst in dem Unternehmen des Urhebers des Schismas, dann aber
auch bei seinen Nachfolgern gespielt hat.

notwendig, welche das Urteil, dass wer zu den Feinden des
Christentums abgefallen sei, dem Satan verfalle, dahin er-
weiterte, dass auch diejenigen, welche mit Häretikern Gemeinschaft halten, unrettbar verloren seien?

Aber bei näherer Betrachtung erhalten die luciferianischen Sätze doch nicht nur ihr eigentümliches Colorit durch
die Zeitgeschichte, sondern sie sind auch prinzipiell von den
novatianisch- donatistischen verschieden.

Der Kirchenbegriff, den Novatian im dritten Jahrhundert
aufgestellt hatte und der in einer zahlreichen Gemeinde noch
immer fortlebte, forderte diese Consequenz: ˙die Kirche ist
die Gemeinschaft der Heiligen. Also muss, wer zu ihr ge-
hören will, rein und heilig sein. Darum darf Niemand in die
Kirche aufgenommen werden, dem diese Eigenschaften abzusprechen sind, es sei denn, dass er vorher durch das Bad
der heiligen Taufe sich seine Sünden habe wieder abwaschen
lassen. Daher war die Ketzertaufe eine unweigerliche
Consequenz dieses Kirchenbegriffes. Diese Consequenz haben
im Laufe ihrer Entwicklung auch die Donatisten gezogen,
allerdings unter besonderen Verhältnissen, und haben sich
dadurch prinzipiell auf das gleiche Niveau mit den Nova-
tianern gestellt. [1])

Es ist bezeichnend für die Luciferianer, dass sie die
Ketzertaufe abgelehnt, jene Consequenz also nicht
gezogen haben. Sucht man eine Erklärung dieser Erscheinung, so darf zunächst betont werden, dass auch hier
ein Erträgnis der Entwicklung der Kirche im letzten Jahrhundert constatiert werden muss. Männer, welche in der
zweiten Hälfte des vierten Jahrhunderts den katholischen
Kirchenbegriff in Frage stellten, vermögen sich nicht vollständig von der voraufgegangenen Entwicklung zu emanci-
pieren. Die Stellung der Kirche zur Wiedertaufe, wie sie
kanonisch fixiert wurde auf der Synode von Arles, war nun
bereits ein sicherer Besitz: es ist gewiss im Sinne der Luciferianer, wenn sie sich bei Hieronymus für ihre Taufpraxis

---

1) Vgl. Harnack in der Theol. Lit. Ztg. 1884 col. 87.

auf die consuetudo ecclesiae, auf den totius orbis consensus berufen. In diesem Punkte wollten sie Katholiken sein, ohne freilich zu bedenken, dass damit ihr Standpunkt prinzipiell ein haltloser wurde. Dass sie ferner an der katholischen Scheidung von Klerikern und Laien festhalten und von hier aus folgern, dass ein Laie, der von einem arianischen Bischof die Taufe empfangen, weil er im guten Glauben gehandelt habe, dass ihm die Weihe des rechten Christentums erteilt worden sei, nicht wiedergetauft werden müsse, [1]) setzt sie ohne Zweifel in Konflikt mit ihrer eigenen Prämisse, dass die Arianer den Heiden gleichzuachten seien, und es fällt dem Orthodoxen bei Hieronymus begreiflicherweise nicht schwer, die Inkonsequenz dieses Standpunktes aufzuweisen. [2]) Dass aber die Luciferianer die Ketzertaufe mit Bewusstsein ablehnten, dafür haben wir einen sicheren Beweis in der völlig isolierten Stellung, welche innerhalb seiner Partei derjenige Luciferianer einnahm, welcher zur Ketzertaufe fortschritt, Hilarius, der römische Diakon. Er war damit freilich zum Novatianer geworden.

Bei diesem Hinweis auf den Prozess der Entwicklung darf indessen unsere Erklärung nicht stehen bleiben. Den tieferen Grund jener Inkonsequenz der Luciferianer haben

---

1) Dial. cp. 12.

2) Übrigens liegt darin, dass die streitenden Parteien gleich zu Anfang sich darüber einig geworden sind, dass man die Arianer als Heiden zu betrachten habe, das dem Orthodoxen sehr gefährliche πρῶτον ψεῦδος des Dialoges, ohne welches derselbe freilich überhaupt nicht möglich sein würde: denn aus diesem Zugeständnis erwachsen dem Orthodoxen im Laufe des Gespräches die größten Schwierigkeiten, welche besonders in cp. 9—11 zu Tage treten, und über die Hieronymus nur dadurch hinwegtäuscht, dass er seinen Luciferianer nicht sagen lässt, was er wohl sagen könnte. Statt dessen hilft sich der Orthodoxe mit der Ausflucht: er wolle ja jetzt die Arianer weder verteidigen noch angreifen (cp. 11), während er doch bereits vorher ihre Verwerfung zugestanden hat. Und wenn er andrerseits den Vorwurf, den man gegen die Bischöfe von Ariminum erhebt, dadurch zu entkräften sucht, dass er betont, sie hätten nur im einfältig guten Glauben gehandelt, so urteilt er in ähnlicher Weise inkonsequent wie der Luciferianer.

wir vielmehr darin zu sehen, dass sie in ihren Sätzen überhaupt nicht von einem systematischen Interesse geleitet wurden. Soweit dieselben prinzipieller Natur sind, sind sie herzuleiten aus einem stark ausgeprägten Rechts- und Sittlichkeitsgefühl, welches aber dadurch, dass es von den konkreten Verhältnissen absieht und mit abstrakten Forderungen auftritt, missleitet ist. Eben an jene strenge Scheidung von Bischof und Laien, welche übrigens den Katholiken und Luciferianern gemeinsam ist, knüpft sich die prinzipielle Differenz. Da die Laien als unmündige Glieder der Kirche ganz in den Hintergrund treten und demnach der Bischof für seine Herde die Verantwortlichkeit übernimmt, so scheint es dem sittlichen Gefühle wie dem gesunden Menschenverstand entsprechend, wenn von dem Bischofe ein um so höheres Maß von Reinheit und Sittlichkeit gefordert wird. Wenn dem gegenüber die katholische Kirche immer mehr den Grundsatz betonte, dass das Sakrament des Amtes die Schwächen und Sünden des Verwaltenden decke und dass die Heiligkeit des Sakramentes durch die Beschaffenheit des Verwaltenden durchaus nicht influenciert werde, so hat sie doch seit der Zeit, wo sie ihren hierarchischen Kirchenbegriff auszubilden begann, fortwährend mit jener gegnerischen Auffassung ringen müssen. Klassisch verkörpert tritt uns dieser Widerstreit bereits bei Cyprian, dem eigentlich systematischen Begründer des katholischen Kirchen- und Amtsbegriffs entgegen; [1] aber gerade an seinem Beispiel vermögen wir zu erkennen, wie wenig systematisch sich jener Widerspruch begründen lässt und wie er als eine spontane, freilich hoch zu schätzende Äußerung des Rechts- und Sittlichkeitsgefühls erscheint. Darum haben auch zu allen Zeiten, wenn unter dem schützenden Amtsbegriffe die sittlichen Schwächen und Fehler der Individuen in zu grellem Lichte erschienen, Minoritäten in der Kirche dagegen opponiert.

. Auch die luciferianische Bewegung ist nur als eine solche

---

1) Cypr. ep. 65. 67. 68. Vgl. Harnack, Dogmengeschichte I, p. 315. 316 f.

Reaktion aufzufassen, die ihre Veranlassung nahm an der
Leichtigkeit, mit der eine große Anzahl von Bischöfen geneigt war, ihren Glauben zu vertauschen wie ein Gewand.
In der Reaktion gegen diese bedenkliche Erscheinung, wie
sie in dem Widerspruch gegen die Aufnahme der Bischöfe
von Ariminum fixiert erscheint, hat sie sich nicht erschöpft;
vielmehr ist im Laufe der Jahre dieser Anlass immer mehr
zu einem blos historischen geworden, und die Opposition hat
sich gegen das sittliche Gesamtverhalten des Klerus, im Besonderen der Bischöfe gerichtet. In demselben Maße aber
ist ihre Eigentümlichkeit, die wir als für das luciferianische
Schisma charakteristisch zu bezeichnen gewohnt sind, zurückgetreten, und das Maß von Ähnlichkeit, welches unserer
Bewegung mit anderen rigorosen Bestrebungen gemein ist,
in den Vordergrund getreten. Das wird am deutlichsten,
wenn wir die Beziehungen verfolgen, in welche die Luciferianer zu dem allgemeinen Zuge der Zeit, zur A s k e s e
und W e l t f l u c h t, getreten sind. Die folgende Darstellung
wird zeigen, dass an manchen Orten die Luciferianer von
gewissen schismatischen Bewegungen, die ihre Entstehung
anderen Veranlassungen verdanken, kaum zu unterscheiden
sind.

Die Reaktion gegen das weltliche Wesen in der Kirche,
welches, obwohl bereits früher eingedrungen, im Laufe
des vierten Jahrhunderts rapide zunahm, hat nicht zum
wenigsten die Erscheinung hervorgerufen, welche seit der
zweiten Hälfte des vierten Jahrhunderts dem christlich-reli-
giösen Leben seine deutliche Signatur aufdrückt, das M ö n c h -
t u m. Das Ideal auch unserer Luciferianer war das mönchi-
sche, wenn es auch nicht überall zur konsequenten Ausführung gekommen ist. Zunächst bleibt man nicht dabei stehen,
den Bischöfen einen Vorwurf daraus zu machen, dass sie
den weltlichen Herrn mehr gefürchtet haben als den himmlischen, dass sie bequem zu erlangende Ehren dem Marty-
rium für ihren Glauben vorziehen, sondern man sucht in
pessimistischer Stimmung die Veranlassung dazu in dem
ganzen weltlichen Leben; nicht nur die Kirche, die ganze

Welt ist dem Satan verfallen. Darum gilt es der Welt zu entsagen, ihre Güter von sich zu weisen und auf alle irdischen Ehren zu verzichten. Nur so kann man sich unbefleckt erhalten, kann man auch den in der Welt stets gefährdeten Glauben rein bekennen. Neben die Forderung der illibata und intaminata fides tritt so die Forderung der conversatio caelestis im streng asketischen Sinne; und wir werden sehen, dass in Ägypten eine luciferianische Gemeinde mit den dort sich ausbildenden Mönchskolonieen nicht nur Fühlung unterhält, sondern dass sogar ein Mönch Bischof der Gemeinde wird.

Das aber ist nun das Charakteristische: trotzdem ihr Ideal das gleiche war, glaubten die Luciferianer es in anderen Formen verwirklichen zu können als die Mönche. Sie dachten nicht daran, die Organisation der katholischen Kirche fallen zu lassen. In Conventikeln und indem sie sich um ihren eigenen Bischof scharten, als die wahre Kirche neben der Satanskirche, ohne Gemeinschaft mit ihr und doch in den gleichen Formen bestehend, glaubten sie ihr Ideal verwirklichen zu können. »Mögen jene doch ihre goldstrahlenden Basiliken haben, die prächtigen, mit eitlem Marmor geschmückten, von hochanstrebenden Säulen getragen, mögen sie doch ihren ausgedehnten Besitz behalten: das alles gefährdet nur den wahren Glauben. Wir, die wir die Wahrheit wollen, sind zufrieden, wenn wir Christum, unseren Gott, anbeten und verehren dürfen in niedriger und verworfener Krippe; hat er selbst doch nach seiner Menschwerdung in einer solchen gelegen.«[1]

Jenen tiefen Gemütern, welche der Trieb, den inneren Frieden wieder zu finden, den sie im Gewirre der Welt verloren hatten, hinausführte aus der Kirche und aus der Welt, hat die Kirche nichts in den Weg gelegt; so lange sie im Gedanken des Höchsten und Ewigen lebten, so lange sie um Politik und Dogmatik sich nicht kümmerten, ließ man sie ungestört. Anders jene Oppositionsparteien, die wie die Lu-

---

1) lib. prec. ep. 34.

ciferianer die politische Mission der Kirche praktisch in Frage
stellten: hier sehen die Leiter der Kirche wirklich gefährliche Feinde. Mochten doch jene weltflüchtigen Sonderlinge
ihr pessimistisches Ideal zu verwirklichen suchen, wie und
wo sie wollten, nur nicht im Gegensatz zur Kirche mit den
Formen der Kirche. Solche konventikelhaften Verirrungen,
welche nur auf Lockerung und Zersplitterung aller lokalen
Verbände ausgingen, mussten im Interesse der Mission der
Kirche unterdrückt werden. Wir stehen in der Zeit, wo Gratian und Theodosius die letzte Hand anlegen, um in einer
einheitlichen Staatskirche dem Reich das wirkungskräftigste
Fundament zu schaffen. Zugleich ist der mächtige, erschüt-
ternde Gegensatz erstarkt, der in dem Protest des Mönchtums seinen Ausdruck findet. Parteien aber, welche die Mission der Weltkirche nicht anerkannten und in steter Opposition gegen sie verharrten, ohne doch im Prinzip mit irgend
einer ihrer Formen zu brechen, haben kein historisches Recht:
und so sind auch die Luciferianer nach kurzem Leben unter-
gegangen.

III.

Eine Geschichte der luciferianischen Bewegung zu schreiben, ist uns aus zwei Gründen unmöglich gemacht: einmal
sind die auf uns gekommenen, mehrfach nur in der Form
von vereinzelten Notizen auftretenden Berichte so spärlich,
abgerissen und unvollkommen, dass man sich vielfach darauf
beschränken muss, den inneren Zusammenhang an der Hand
der Quellen zu erraten; dann aber sind manche Erscheinun-
gen, die uns als luciferianische entgegentreten, nicht als
solche direkt nachweisbar und mit jener nur allgemein ver-
wandt.

Von Lucifer von Calaris weiß uns die beglaubigte Geschichte, nachdem er sich nach Sardinien zurückgezogen
hatte, nichts mehr zu melden. Aber eine gelegentliche Notiz
bei Ambrosius lässt uns doch wenigstens einen gewissen Einblick in die Verhältnisse der Insel zu jener Zeit thun. In

der Gedächtnisrede nämlich, die der Bischof dem Andenken
seines ihm sehr nahe stehenden Bruders Satyrus gehalten
hat, [1] erzählt er, wie derselbe auf einer Geschäftsreise, die
ihn nach Afrika führen sollte, durch einen Sturm in die
größte Gefahr gebracht wurde. In der Bedrängnis gelobte er
Christ zu werden. Man landete in Sardinien. Satyrus aber,
so erzählt Ambrosius, so begierig er war, das Christentum
zu erfassen, so vorsichtig war er doch, und es lag ihm daran,
zum Unterricht im Christentum einen wirklich katholischen
Lehrer zu erhalten. Darum befragte er den herbeigerufenen
Bischof, ob er auch wirklich katholisch sei, d, h. ob er mit
katholischen Bischöfen und insbesondere dem von Rom kirchliche Gemeinschaft halte. Und zur Erklärung fügt Ambrosius
hinzu: Sardinien sei damals unter dem Einflusse Lucifers
von Calaris schismatisch gewesen, welcher aus der allgemeinen Kirche ausgeschieden war. Leider wird die Erzählung
nicht weiter ausgeführt, und wir erfahren nicht, ob Satyrus
ohne Mühe einen katholischen Bischof gefunden hat. Da
nun sein Todesjahr in das Jahr 378 zu setzen ist, [2] so be-
finden wir uns in der Zeit kurz nach dem Tode des Lucifer,
den wir auf 370 ansetzen zu müssen glaubten. Die Ausdrucksweise des Ambrosius, welcher als bekannt vorauszusetzen scheint, dass Sardinien sich um 380 der Großkirche
gegenüber schismatisch verhielt, lässt wohl den Schluss zu,
dass Lucifer nach seiner Rückkehr eine größere Wirksamkeit
entfaltet habe.

Vielleicht war der Ruf davon auch in weitere Gegenden
gedrungen. Wenigstens berichten uns Faustinus und Marcellinus, dass der Ruhm Lucifers den ehrwürdigen Gregorius
von Spanien, in welchem wir Gregorius von Elvira erkennen müssen, nach Sardinien geführt habe, um Lucifer
seinen Besuch abzustatten. Er selbst, ein Mann von streng-
stem Glauben und höchster Heiligkeit im Lebenswandel,
weigerte den Katholiken die Gemeinschaft und ward neben
Lucifer das angesehenste Haupt der Bewegung.

1) Ambrosius de excessu Satyri fratris bei Migne XVI, 1362. 1363.
2) So die Benediktiner gegen Baronius, welcher für 383 ist.

Über dem Leben dieses Gregorius schwebt das größte Dunkel, und seine Person ist mehrfach der Gegenstand lebhafter Erörterungen geworden, die freilich zumeist durch Fragen dogmatischer Natur hervorgerufen sind. [1] Seine nicht wegzuleugnende Beziehung zu den Luciferianern, die Thatsache also, dass er außerhalb der Großkirche gestanden hat, macht nämlich denjenigen große Schwierigkeiten, welche in ihm einen Heiligen verehren möchten. Als solcher steht er bereits in Usuards Martyrologia und im Martyrologium Romanum. [2] Am ausführlichsten hat sich mit der Frage, ob er nicht etwa doch vor seinem Tode in die Gemeinschaft der Kirche zurückgekehrt sein möchte, Florez beschäftigt und dieselbe trotz sichtbaren Schwankens nach umständlicher, aber willkürlicher Beweisführung bejahend entschieden. [3] Diese Frage hat nun freilich für den Historiker kein Interesse; und im vorliegenden Fall muss man wie bei Lucifer erklären, dass kein Grund zu der Annahme vorliegt, Gregorius möchte vor seinem Tode zur katholischen Kirche zurückgekehrt sein. Faustinus und Marcellinus äußern sich unzweideutig dahin, dass er ein hervorragendes, nach Lucifer vielleicht das angesehenste Mitglied ihrer Partei gewesen sei; [4] und in demselben Sinne ist die Notiz über ihn bei Hieronymus auch in der Erweiterung bei Prosper Aquitanus zu verstehen. [5]

---

1) Über Gregorius vgl. den vortrefflichen Artikel von Daniel im Dict. Chr. Biogr., der alles Material beibringt. Freilich: »the materials for a life of Gregorius are scanty.« Das Capitel, welches Gams, Kirchengeschichte Spaniens I, 310/314, vgl. auch 256 ff. und 279, dem Gregor gewidmet hat, ist so parteiisch geschrieben, dass es für die Beurteilung Gregors nicht in Betracht gezogen werden kann.

2) Dagegen nicht in dem sogenannten »Romanum parvum«, wie ich Gams p. 313 entnehme. Sein Consecrationstag ist der 24. April; vgl. Acta Sanctorum April Tom. III.

3) Florez, España Sagr. XII, 113—139; vgl. besonders 121—128. 129—132.

4) a. a. O. cp. 9 ff. 25. 27.

5) Hieron. chron. ad ann. 370: Lucifer Calaritanus episcopus moritur, qui cum Gregorio episc. Hispaniae et Philone Libyae numquam

Was nun sein Leben betrifft, so vermögen wir dasselbe kirchenhistorisch nicht mit Sicherheit einzureihen. Die Presbyter behaupten, dass er dem Hosius von Corduba, als derselbe, nachdem er die sirmische Formel von 357 unterschrieben hatte, nach Spanien zurückgekehrt war, energisch entgegengetreten sei und ihn sozusagen totgebetet habe. [1] Ihre Erzählung, deren fabelhafte Details natürlich auf sich beruhen, wird in willkommener Weise ergänzt durch den Brief des Eusebius von Vercellae, welchen derselbe aus dem Exil an Gregorius gerichtet hat. [2] In diesem Briefe wird Gregorius für die thatkräftige Haltung, die er dem abgefallenen Hosius sowohl als auch den Bischöfen von Ariminum gegenüber eingenommen habe und von der er dem Eusebius in einem Schreiben Mitteilung gemacht hatte, belobt und gebeten, auch fernerhin so zu handeln. [3] Der Brief setzt, wie gesagt, die Vorgänge von 359 voraus. Nun aber ist diese Sache freilich von Schwierigkeiten gedrückt. Wir haben nämlich die Angabe des Faustinus und Marcellinus, dass Gregorius allein von allen Rechtgläubigen niemals verbannt gewesen sei. [4] Dagegen scheint unser Brief vorauszusetzen,

se arianae miscuit pravitati. Prosper ad ann. 455 fügt die Notiz hinzu: sed dum vigorem iustitiae erga correctionem eorum qui cesserant non relaxat, ipse a suorum communicatione descivit (bei Migne I, 562). Dieser Satz bezieht sich freilich nur auf Lucifer; aber es ist willkürlich, wenn Florez a. a. O. p. 121 ihn in der Weise presst, dass Prosper dadurch habe andeuten wollen, die beiden anderen Genannten seien eben nicht Schismatiker geworden. Auch das Reskript des Kaisers auf den libellus precum nennt Gregorius neben Heraclidas von Oxyrinchus als Haupt der Luciferianer.

1) lib. prec. cp. 9 ff.

2) Bei Migne X, 713 unter den Werken des Hilarius fragm. hist. XI.

3) a. a. O.: literas sinceritatis tuae accepi, quibus ut decet episcopum et dei sacerdotem, transgressori te Osio didici restitisse et plurimis cadentibus Arimino in communicatione Valentis et Ursacii et ceterorum quos ipsi, agnito blasphemiae crimine ante damnaverunt, tuum assensum denegasse, fidem scilicet servans, quam patres Nicaeni scripserunt.

4) a. a. O. cp. 10 am Ende: solus Gregorius ex numero vindicantium integram fidem nec in fugam versus nec passus exilium.

dass Gregor in Ariminum war. Das wird dadurch verstärkt, dass unter den Gesandten der Synode an den Kaiser auch ein gewisser Gregorius genannt wird, hinter dem wir bei der Seltenheit des Namens [1]) in jener Zeit unseren Gregorius suchen könnten. Nun aber ist zu Ariminum kein Bischof standhaft geblieben; auch müsste doch Gregor auf seine Weigerung verbannt worden sein. Indessen dass er in Ariminum war, ist nicht zu erweisen auf Grund der obigen Kombination; dagegen sein Widerstand gegen die Arianer und Hosius steht aus den beigebrachten Zeugnissen fest. Ist er also nicht verbannt worden, so ist das nur dadurch zu erklären, dass er nicht in Ariminum war, sondern von Spanien aus gegen die abgefallenen Bischöfe protestierte; auf etwas anderes weist auch der Brief des Eusebius nicht notwendig hin. [2])

Nach dem libellus precum ist Gregor, nachdem er den Lucifer in Sardinien aufgesucht hatte, auch noch nach Rom

---

1) Ein Gregorius von Calaris wird zwischen 253/303 erwähnt. Gregorius von Portus Augusti war auf der Synode von Arles 314 anwesend. Außerdem kennt man Gregorius, den ersten Gegenbischof des Athanasius und einen Gregorius von Caesena, der 361 starb. Vgl. das Dict. Chr. Biogr. — In der Liste der zu Mailand 355 anwesenden Bischöfe bei Baronius (vgl. oben p. 14) wird gleichfalls ein Gregorius genannt.

2) Wenn man auch dieses Resultat nicht anerkennen wollte, so hat man doch kein Recht, auf einem so unsicheren historischen Befunde solche Märchen aufzubauen, wie Gams es gethan hat. Im Interesse der Heiligkeit des Hosius, zu der er sich mit einem »fröhlichen Widerruf« seiner früheren Ansichten bekennt, bürdet dieser »Historiker« dem armen Gregorius eine wahre Last von Vorwürfen auf, da er in ihm, dem »groben Lügenschmiede«, den intellektuellen Urheber der über Hosius kursierenden Legende sieht. Seine Resultate mögen hier Platz finden, obwohl man, um sie würdigen zu können, die Beweisführung lesen muss: 1) Gregorius war in Ariminum, fiel 2) zu Nice oder doch in Ariminum. Er wurde 3) nicht verbannt, weil er gefallen war. Er schrieb 4) an Eusebius, weil er gefallen war, um sich weiß zu brennen. Er posaunte 5) in der Welt aus, dass er allein aufrecht gestanden sei. Er trennte sich 6) von der katholischen Kirche, um glauben zu machen, dass er nicht gefallen sei. Er ersann 7) ein ganzes Netz von Lügen, um darin seine Gegner einzufangen. (a. a. O. p. 279, vgl. p. 258.)

gekommen und hat mit Aurelius, dem dortigen Bischof der
Luciferianer, in Kirchengemeinschaft gestanden. Als Hieronymus sein Buch de viris illustribus schrieb, also um das
Jahr 390, hat er noch in Spanien gelebt und scheint nach
wie vor im luciferianischen Interesse gewirkt zu haben. Auch
schriftstellerisch ist er thätig gewesen, und Hieronymus weiß
außer einigen von ihm als mäßig bezeichneten Tractatus noch
von einem Werke de fide. [1] Dieses Buch nun besitzen wir,
soweit ich zu sehen vermag, nicht mehr; man hat in Gregorius ohne jeden Grund den Verfasser des vollständig genügend bezeugten Tractates des Faustinus gleichen Titels
sehen wollen; man will ihm das wahrscheinlich von Phoe-
badius von Aginnum verfasste Buch de fide zuschreiben, mit
ebenso wenig Gründen. Wir werden daher bis auf weiteres
bei dem Urteil des Bollandisten stehen bleiben müssen, welcher von der fraglichen Schrift meint: »etiamnum latet«. [2]

Die luciferianische Bewegung ist in Baetica auch an
anderen Orten zum Ausbruch gekommen. So erzählt uns der
libellus precum von einem Presbyter Vincentius, der für
seine Gemeinschaft mit Gregorius heftige Anfeindungen zu
erdulden hatte. Man vertrieb ihn schließlich aus seiner
Kirche; er jedoch setzte auf freiem Felde und unter großer
Beteiligung des Volkes seinen Gottesdienst fort. Aber auch

---

1) Hier. cat. 105: Gregorius Baeticus Eliberi episcopus usque ad
extremam senectutem diversos mediocri sermone tractatus composuit
et »de fide« elegantem librum; hodieque superesse dicitur. Man streitet,
ob Subjekt des Zusatzes Gregorius oder sein Buch sei. Wäre die Les-
art qui hodie ganz sicher, so könnte kein Zweifel sein, dass die
erstere Auffassung die richtige ist. Sie erscheint aber auch so als die
natürliche.

2) Acta Sanctorum April III. Über die Schrift des Phöbadius
vgl. Histoire litt. de la France II, 1 p. 273 ff., besonders p. 274. 275.
Gams meint freilich, Gregorius habe das Buch des Faustinus vielleicht
einfach für sich in Anspruch genommen: »denn das Ideal der Urkirche,
die er wieder herstellen wollte, muss auch die Gemeinschaft der Güter
als ihre Eigenschaft aufweisen. Dies muss auch auf geistige Güter,
wie z. B. Schriften, seine Anwendung finden. Gregorius als Haupt
dieser Kirche konnte somit auch die Schrift eines seiner Unterthanen
die seinige nennen« (p. 314).

der
ro-
'as
eb
:h
ß
h
!
.

hier unterbrachen die katholischen Bischöfe Luciosus und Hyginus die heiligen Handlungen in der stürmischsten Weise. [1]) Gewiss liegt auch dieser Erzählung ein historisches Faktum zu Grunde: liegt es doch im Wesen der Sache, dass die Bischöfe aller Orten gegen das sektiererische Treiben so energisch wie möglich vorgegangen sind.

War Sardinien um das Jahr 380 mehr oder weniger schismatisch, so ist es von vorne herein wahrscheinlich, dass diese Tendenzen auch in Rom Eingang gefunden haben. Und das wird durch die Thatsachen beglaubigt: wir hören um dieselbe Zeit von einer luciferianischen Gemeinde in Rom, welche ihren eigenen Bischof hatte und in Opposition zum römisch-katholischen Bischof Damasus, von diesem heftig verfolgt, in kleinen Versammlungen ihren Gottesdienst abhielt. Sicher war auch hier das Hauptmotiv die versöhnliche Haltung, welche Damasus den Vorschlägen von Alexandria und seinem Einverständnis mit Athanasius gemäß zu den wieder zum katholischen Glauben zurückkehrenden Bischöfen einnahm. Dann aber richtete sich hier die Opposition vornehmlich gegen das weltliche Treiben des Klerus, und demgemäß treten die asketischen Tendenzen besonders lebhaft hervor.

Ein eigentümliches Missgeschick hat die römischen Luciferianer mit den Ursinianern, jener Partei in der römischen Kirche, welche nach dem Tode des Liberius den Ursinus zum Bischof wählte und die Anerkennung des Damasus hartnäckig verweigerte, in Zusammenhang gebracht. Ohne der Frage auf den Grund zu gehen, hat noch zuletzt Langen [2]) diesen Zusammenhang phantasievoll ausgesponnen, und es ist nötig, obwohl schon Rade [3]) den Sachverhalt ziemlich klar gestellt hat, auf die Frage nochmals einzugehen, da wir von Rade in einem wichtigen Punkte differieren.

---

1) a. a. O. cp. 20.
2) Langen, Geschichte der römischen Kirche I, p. 495 ff.; besonders 500. 502. 503.
3) Rade, Damasus, Bischof von Rom.

Dabei muss Entstehung, Ursache und Verlauf des ursinischen
Schisma als bekannt vorausgesetzt werden. [1)]

Es ist ein dünner Faden, aus dem man ein ganzes Netz
von unhaltbaren Behauptungen herausgesponnen hat. Jene
beiden Presbyter Faustinus und Marcellinus, welche den oft
erwähnten libellus precum den Kaisern überreichten, sollen
sich in einer dem Werke voraufgeschickten Vorrede als Ursinianer bekannt haben. Da sie nun Luciferianer waren, so
wird flugs geschlossen, dass die Ursinianer, »von halbnovatia-
nischen Grundsätzen über die Sünde des Abfalls ausgehend
oder vielmehr diese auf die Häresie ausdehnend, eigentlich
Gesinnungsgenossen des übereifrigen Bischofs Lucifer von
Cagliari« waren. Dagegen spricht nun aber der Wortlaut der
Vorrede, ihre Abfassung durch Faustinus und Marcellinus
vorläufig noch zugegeben. Dass die Ursinianer »halbnova-
tianischen« Grundsätzen huldigten, [2)] kann man doch wahrlich der Thatsache gegenüber nicht aufrecht erhalten, dass
sie ursprünglich des Liberius Anhänger waren, da Ursinus
ausdrücklich als derjenige genannt wird, welcher von dem
kleinen Teil des Klerus, der dem Liberius auch während
seiner Verbannung treugeblieben war, zum Nachfolger gewählt wurde. Es wird aber in der Vorrede ohne Anstoß berichtet, dass Liberius manus perfidiae dedit, indem er die
sirmische Formel unterschrieb. Rigoristische, »halbnovatia-
nische« Grundsätze kann also doch der Verfasser der Vorrede nicht gut vertreten haben. Vielmehr, der Gegensatz der
Ursinianer gegen Damasus war ein persönlicher. Nichts deutet
darauf hin, dass dogmatische Fragen ihn heraufbeschworen
hätten. Der Vorwurf des Treubruchs gegen den Liberius,
welcher von dem Verfasser unverhüllt gegen Damasus erhoben wird, ist wohl das Hauptmotiv der Opposition gewesen.
Jedenfalls sind die Ursinianer eine Partei innerhalb der römischen Kirche; sie sind k e i n e S c h i s m a t i k e r in dem Sinne,
dass sie mit der katholischen Kirche überhaupt gebrochen

---

1) Vgl. Rade a. a. O. p. 8 ff.
2) Langen a. a. O. p. 502. Vgl. Rade p. 11 Anm. 2.

hätten. Das aber setzt Langen kurzer Hand voraus, wenn
er den luciferianischen Bischof Ephesius einen »ursinischen«
nennt.[1] Man kann aber zu Lebzeiten des Ursin — und er
war um 380 noch am Leben[2] — unmöglich von einem ursinischen Bischof reden, da doch die Partei sich an die Person
des Ursinus hielt. Langen vergisst vollkommen, dass die
Luciferianer wirklich Schismatiker waren; daher wundert er
sich, dass im libellus precum die ursinische Bewegung gar
nicht erwähnt wird, und meint, sie sei von den Presbytern
»kluger, aber nicht ganz ehrlicher« Weise übergangen worden.

Wie steht es nun aber mit der allgemein vorausgesetzten
Abfassung der Vorrede durch die Presbyter? Rade meint zu-
versichtlich: »die Identität der Verfasserschaft (von Vorrede
und libellus) ist außer Zweifel.«[3] So hat man trotz Tillemont[4] meist geurteilt; uns will indessen scheinen, als sei
man an dieser Frage gar zu flüchtig vorübergegangen. Was
der alte Mazochius[5] beigebracht hat, kann doch kaum als
genügend gelten, um sie zu entscheiden. Rade[6] dagegen
hat selbst schon auf den Punkt aufmerksam gemacht, der
sofort Anstoß erregen muss. Wir meinen die Ignorierung der
perfidia des Liberius durch den Verfasser der Vorrede, deren
wir oben schon gedachten. Es ist offenbar undenkbar, dass
ein Luciferianer so schreiben konnte; und das wenigstens
scheint sicher, dass Faustinus und Marcellinus Vorrede und
libellus nicht gleichzeitig verfassen konnten. Vielmehr ist

---

1) Den luciferianischen Bischof Aurelius soll Gregorius von Eliberis nach Langen p. 503 gar zum Nachfolger des vertriebenen Ursinus geweiht haben. Bei dessen Lebzeiten!

2) Vgl. Rade p. 41. 48. Er lebte noch, als Siricius zum Bischof
gewählt wurde.

3) a. a. O. p. 8 Note.

4) Mémoires etc. VII, 769, Note V. Tillemont kommt zu dem
Resultat: il doit demeurer constant que la preface et la requeste n'ont
rien de commun l'une avec l'autre. Er hat indessen den Schlusspassus
der Vorrede nicht in Betracht gezogen.

5) Mazochius comment. ad .cal. neap. (II) p. 583 ff. Vgl. Gallandi VII prolegomena p. XV.

6) a. a. O. p. 11.

man unter der allgemein geltenden Voraussetzung gezwungen
anzunehmen, dass eine Bekehrung in ihnen vorgegangen ist.
Das leuchtet noch mehr ein, wenn man beachtet, dass an
der Stelle, wo sie im libellus die Bekenner des rechten
Glaubens aufzählen, welche verbannt wurden, neben den bekannten Namen des Lucifer, Eusebius, Paulinus von Trier,
Maximus von Neapel, Rhodanius von Tolosa und Dionysius
von Mailand, Hilarius nur mit Einschränkung, Liberius aber
gar nicht erwähnt wird, während der Verfasser der Vorrede
Liberius, Lucifer, Eusebius und Hilarius neben einander stellt.

Eine solche Bekehrung zum Luciferianismus müsste zwischen den Jahren 367 — soweit führt uns die Vorrede —
und ca. 382 — damals begleiteten die Presbyter den luciferianischen Bischof Ephesius auf seiner Orientreise — vorgegangen sein. Wie steht es damit? Die Ansicht, dass die
Vorrede von Faustinus und Marcellinus abgefasst sei, stützt
sich auf den Schlusspassus, in welchem es heißt: es seien
von Damasus Presbyter (der Partei des Ursinus) aus Rom
vertrieben worden und herumgeirrt, ex quibus Marcellinus
et Faustinus presbyteri de confessione verae fidei, ostenta-
tione sacrae communionis et persecutione adversantium veritatem preces Valentiniano, Theodosio et Arcadio principibus
obtulerunt ita. Der Inhalt der folgenden Bittschrift ist in
diesen Worten richtig angegeben und der Übergang gut vorbereitet. Es ist aber folgendes zu bedenken: jene Presbyter
waren, als sie vertrieben wurden, sicherlich Anhänger des
Ursinus, und wir haben keinen Grund anzunehmen, dass sie
von ihm abgefallen seien. Ursinus aber lebte um 378 noch
in Köln, und bis zum Jahre 384 haben wir Spuren von ihm. [1]
Um 378 war in Rom Ephesius Bischof der Luciferianer und
382 spätestens unternahm derselbe eine Reise in Begleitung
der Presbyter Faustinus und Marcellinus. Waren die letzteren Ursinianer, so können sie unmöglich neben ihrem recht-
mäßigen Bischof einen anderen anerkannt haben. Von Ursinus aber kommt in der ganzen Bittschrift kein Wort vor.

---

1) Vgl. den Index p. 163 bei Rade.

Dagegen lässt die Erwähnung des (luciferianischen) Bischofs
Aurelius, doch wohl des Vorgängers des Ephesius, darauf
schließen, dass die Verfasser auch diesen bereits anerkannt
haben. Dann aber bleibt für ihre Sinnesänderung, für welche
wir ohnedies keinen Anhalt haben, keine Zeit übrig.

Und bildet denn diese Vorrede wirklich die Einleitung
zu der Bittschrift? steht sie in irgend einem erkennbaren Zusammenhang mit ihr? Man kann das verneinen. Die Vorrede
erzählt in der detailliertesten Weise die Vorgänge in Rom
bis zu dem Moment, wo Ursinus endgültig vertrieben wird.
Dann bricht sie ab; sie hat kein Interesse daran weiter zu
erzählen. Man muss daher auch, um den Zusammenhang
aufrecht zu erhalten, zu folgender künstlicher Hypothese
greifen: Faustinus und Marcellinus wollten, nachdem sie ihr
Werk den Kaisern übergeben hatten, dasselbe nun auch in
weiteren Kreisen veröffentlichen und fügten in Form einer
Vorrede die Erklärung hinzu, warum sie, die früheren Ursinianer, jetzt Luciferianer seien. Nach unseren obigen Bemerkungen ist diese Hypothese, der natürlich kein Beweis
zur Seite stehen kann, aussichtslos. Ferner, obwohl ich nicht
im Stande bin, die Überschrift der Vorrede zu kontrollieren,
spricht doch dieselbe, wie sie vorliegt, gegen eine Verbindung von Vorrede und libellus. Hat es wirklich geheißen
de eodem schismate Ursini, so setzt das voraus, dass die
Vorrede einem größeren Ganzen entnommen ist, in welchem
neben anderen Schismen auch das des Ursinus behandelt
wurde. Stilähnlichkeiten zwischen Vorrede und Bittschrift
finden zu wollen ist schon deshalb ein vergebliches Bemühen,
weil beide Stücke einen ganz verschiedenen Charakter tragen,
indem die Vorrede einen kurz und knapp gehaltenen, gedrängt referierenden historischen Bericht geben will, der libellus dagegen unter Verzicht auf historische Genauigkeit
und Reihenfolge eine Apologie der luciferianischen Bewegung
zu geben sucht.

Der Schlusspassus der Vorrede muss also von einem

---

1) Mazochius a. a. O.

Anderen herrühren, der die heftige Polemik des Damasus in
der Bittschrift und in der Vorrede mit einander in Verbindung zu bringen suchte. Der Zusatz ex quibus etc. könnte
an sich recht gut fehlen, zumal der ·Übergang ein sehr abrupter ist; und die betreffende Inhaltsangabe, wie die Nen-
nung der Namen der Verfasser, welche am Schluss des libellus wiederkehren, deutet gewiss auf Absicht hin.

Wenn nun aber Vorrede und Bittschrift gar nichts mit
einander zu thun haben, so ist damit auch der dünne Faden
gerissen, an welchem die Zusammenstellung von Luciferianern und Ursinianern hing, und wir sind berechtigt, von
derselben künftig ganz abzusehen.

Ob die Luciferianer in Rom eine große Gemeinde bildeten, darüber fehlen uns die Angaben. Sicher ist, dass sie
ihren eigenen Bischof hatten. Als solchen haben wir zunächst
den im libellus erwähnten Aurelius zu betrachten.[1] Ihn
besuchte Gregorius von Eliberis, als er aus Sardinien zurückkehrte. Auch er hatte bereits unter den Verfolgungen seitens
der Katholiken zu leiden; doch sagen die Presbyter ausdrücklich, dass er eines natürlichen Todes gestorben sei.
Nicht so ein Presbyter, Namens Macarius,[2] ein heiliger
Mann, welcher als Asket lebte und alle Güter der Welt verachtete. Er genoss keinen Wein, kein Fleisch, mit Öl nur
würzte er die rohen Speisen, lebte aber in ständigem Gebet
und fastete fleißig. Er war so heilig, dass man ihm die
Gabe zuschrieb, Dämonen auszutreiben. Sicherlich war der
große Anhang, den er gefunden hatte, und das große Ansehen, in dem er stand, dem römischen Bischof ein Dorn
im Auge. Als er nun einmal nächtlicher Weile — denn Tags
über wusste es Damasus zu verhindern — Gottesdienst abhielt, brachen Kleriker des Damasus in das Haus ein, zer-
streuten die andächtige Gemeinde, bemächtigten sich des
Presbyters, schleppten ihn über das Pflaster hinweg und behandelten ihn dabei so rücksichtslos, dass er an der Hüfte

---

1) lib. prec. cp. 21.
2) ibid. cp. 22.

eine schwere Wunde davontrug. Unter Hinweis auf kaiserlichen Befehl ward er anderen Tages vor den Richter gebracht, der ihn zur Anerkennung des Damasus zwingen
wollte. Aber Macarius zog das Exil dieser Schmach vor.
Doch nur bis Ostia schleppte sich der Kranke; hier schon
erlag er der gefährlichen Wunde. Man wollte ihn in einem
alten Grabdenkmal beerdigen: aber der Bischof Florentius
befahl ihn in der Basilica des Märtyrers Asterius beizusetzen.

Solche Misshandlungen scheinen nicht vereinzelt gewesen
zu sein. Damasus hatte es vielmehr auf gewaltsame Unter-
drückung einer Opposition abgesehen, welche ihm, je mehr
sie sich ausdehnte, um so gefährlicher werden musste. Wie
leicht konnten sich hier alle Unzufriedenen und alle solche,
welche das weltliche Regiment eines christlichen Bischofs,
wie es Damasus auszuüben begann, verabscheuten, zusam-
menfinden. Nicht nur Kleriker, sondern auch Laien verfolgte
und verbannte er, sei es mit Gewalt, sei es auf dem Wege
des Prozesses; und die ausgedehnte Machtvollkommenheit,
welche ihm kaiserliche Edikte gegeben hatten, erleichterte
ihm dies Verfahren.

Endlich suchte er den Hauptschlag zu führen. Bischof der
Luciferianer war jetzt Ephesius, den ein gewisser, uns nicht
näher bekannter Taorgius nach dem Tode des Aurelius geweiht
hatte. Er zog ihn als Schismatiker — die Presbyter sagen ausdrücklich als Luciferianer[1]) — vor Gericht. Der Richter Bassus nahm zwar die Klage zunächst an, aber er führte sie
nicht durch: denn, nach dem Bericht der Presbyter, es fand
sich nichts, was die Klage gerechtfertigt hätte, und mit dem
Hinweis darauf, dass die Dekrete der Kaiser gegen Häre-

---

1) Hierauf beziehen sich die Worte: sub invidia falsi impositi
cognomenti, nicht aber, wie Gams a. a. O. p. 310 herausgefunden hat,
auf den Taorgius. Taorgius soll nämlich nach G. mit dem Gregorius
identisch sein. Der Letztere habe sich in Rom einen falschen Namen
zugelegt, um nicht erkannt zu werden. »Sein verstecktes Vorgehen
nennen die Anhänger die »Gehässigkeit eines falschen ihm zugelegten
Beinamens«« (sic!)

tiker und nicht gegen katholische Gläubige gerichtet seien,
ward Damasus abgewiesen.

Die Thatsache der Freisprechung mag richtig sein, sicherlich aber war sie anders motiviert. Schismatiker wurden allgemein als Laien behandelt, selbst wenn sie höhere Kleriker
waren, und wären vom Richter nicht freigesprochen worden,
wenn derselbe sich nicht in einem persönlichen Gegensatz
zum Damasus befunden hätte.[1]) Die Erzählung der Presbyter, da sie ein der Orientreise des Ephesius kurz voraut-
gehendes Ereignis behandelt, beruht übrigens vielleicht auf
Augenzeugenschaft.

In Rom wirkte auch der Luciferianer, welcher dadurch,
dass er die Wiedertaufe forderte, innerhalb seiner Partei vollkommen allein stand, der Diakon Hilarius. Wir wissen
von ihm auf Grund einer sehr wahrscheinlichen Kombination,
dass er derselbe ist, der den Lucifer 355 nach Mailand be-
gleitete und dort neben dem Bischof standhaft ausharrte.
Dass er ein geborener Sardinier sei, berichtet keine Quelle
und beruht wohl auf einer Verwechslung mit dem späteren
Papst gleichen Namens, der aus Sardinien gebürtig war,
wenn nicht schon die Verbindung mit Lucifer von Calaris
auf diese Annahme eingewirkt hat.[2]) Nur Hieronymus berichtet uns im Dialoge von ihm;[3]) er nennt ihn wegen seiner
wiedertäuferischen Bestrebungen den Deucalion orbis und
meldet, dass er zur Zeit der Abfassung des Dialoges nicht
mehr unter den Lebenden war. Schule hat er nicht gemacht;
denn Hieronymus fügt hinzu: cum homine pariter interiit et
secta. Dagegen hat er seine Ansicht schriftstellerisch verteidigt in einem Buche de rebaptizandis haereticis,[4]) das wir
nicht mehr besitzen. Auch von ihm geht die auf nichts ge-

---

1) Vgl. Rade a. a. O. p. 46 f. Bassus war früher Christ gewesen
nach Langen a. a. O. p. 511.

2) Vgl. Cave hist. liter. I, 217. Auch Martini storia etc. p. 47. 49
nennt unseren Hilarius einen Sardinier, doch ebenso den späteren
Papst (p. 86).

3) dial. Lucif. cp. 21 ff.

4) ibid. cp. 26.

gründete Sage, dass er vor seinem Tode zur katholischen Kirche zurückgetreten sei. [1]

Dieser Hilarius ist auf eine unverdiente Weise mehrfach in die wissenschaftlich-literarische Debatte gezogen worden. Man hat in ihm nämlich den Verfasser des dem Ambrosius zugeschriebenen Kommentars über die paulinischen Briefe, den sogenannten Ambrosiaster, sehen wollen. Diese Vermutung ist völlig grundlos. Sie stützt sich bekanntlich darauf, dass Augustin eine Stelle des Kommentares mit den Worten einführt: et sic sanctus Hilarius intellexit, quod scriptum est »in quo omnes peccaverunt«. [2] Da man nun in Hilarius von Poitiers den Verfasser nicht erkennen will, so ist man auf den einzigen Hilarius verfallen, von dem man außerdem noch wusste. [3] Aber Augustin würde einen Luciferianer und Wiedertäufer niemals sanctus genannt haben. Auch müsste doch an irgend einer Stelle des Kommentars, besonders aber in den Pastoralbriefen, sich die Parteistellung des Verfassers verraten, was nirgends der Fall ist. Wer der Verfasser ist, lässt sich, wie es scheint, heute noch nicht ermitteln. [4]

---

1) Vgl. die Prolegomena der Coleti p. XXXVI Note 3. Tillemont VII, 528. 529 hat die Vermutung ignoriert.

2) August. adv. Pelag. IV, 4, 7. Vgl. J. Plitt in der R. E. I, 330. C. Marold in der Zeitschrift für wiss. Theol. 1884 p. 415 ff. Reinkens, Hilarius von Poitiers p. 273 ff.

3) Übrigens gab es gleichzeitig noch einen Bischof Hilarius von Pavia. Vgl. Plitt a. a. O.

4) Da die Frage nach dem Ambrosiaster unser Thema nur in der oben angedeuteten Form streift, so kann ihre Erledigung hier nicht versucht werden. Sicher ist Folgendes: 1) Hilarius der Diakon hat den Kommentar nicht verfasst. 2) Ebensowenig der Presbyter Faustinus trotz Langen (vgl. Geschichte der röm. Kirche I, p. 600 ff. und die dort citierte Abhandlung, Bonn 1880). Faustinus war Luciferianer, der Ambrosiaster nicht. Vgl. übrigens auch Marold a. a. O. p. 462 ff. 3) Man hat keinen Grund an der Einheitlichkeit des Kommentars zu zweifeln; keinenfalls müssen die Stellen über die adoptio Christi, wie Plitt a. a. O. es will, auf den adoptianischen Streit bezogen werden. Die von Marold p. 431 ff. angeführten Beispiele ließen sich vermehren. Auch handelt es sich bei dem adoptianischen Streit im 8. Jahrhundert um ein ganz anders gefasstes Problem als im Am-

Die kleine luciferianische Gemeinde in Rom tritt nach den erzählten Vorgängen wieder völlig ins Dunkel zurück. Dagegen sehen wir den Bischof Ephesius nach seiner Freisprechung im Jahre 382 oder 383 eine Reise in den Orient unternehmen, welche augenscheinlich den Zweck hatte, mit Gemeinden gleicher Richtung Fühlung zu suchen oder sie zu visitieren.[1] Die Reise führte den Bischof zunächst in die Heptanomis. Dort in Oxyrinchus[2] gab es bereits seit den Zeiten, als Georgius der Cappadocier den Bischofsstuhl von Alexandrien inne hatte, eine schismatische Gemeinde. Der Bischof Theodorus von Oxyrinchus nämlich war schwach genug gewesen, den Georgius nicht nur anzuerkennen, sondern auch sich von ihm zum Laien degradieren und aufs Neue zum Bischof weihen zu lassen. Diese Nachgiebigkeit hatte einen Teil der Gemeinde, darunter auch Presbyter und Diakonen, so erbittert, dass sie aus der Gemeinschaft mit dem Bischof ausschieden. Nach einiger Zeit ließen sie sich von einigen Bischöfen, welche die Berechtigung ihrer Opposition anerkannt haben müssen, einen heiligen Mann zum Bischof weihen, den Heraclidas. Dieser Heraclidas war nach der Beschreibung, die die Presbyter von ihm geben,[3] ein Mönch und gehörte zu der in Oxyrinchus bestehenden Mönchskolonie. Die Worte der Presbyter deuten darauf hin, dass wir wirklich eine solche bereits für das Jahr 360 und früher in Oxyrinchus vorauszusetzen haben. Die Mönche bestärken die Schismatiker in ihrem Widerstande; und einer der be-

---

brosiaster und in den anderen bei Marold angeführten Stellen, da die letzteren den nestorianischen Streit noch nicht zur Voraussetzung haben. 4) Augustin hat bei seinem Citat Hilarius von Poitiers im Auge gehabt; es ist aber fraglich, ob das ihm vorliegende Buch wirklich unser Kommentar gewesen ist. Vgl. Marold 460. 461.

1) Langen meint a. a. O. p. 511, dass Ephesius als »ursinischer Bischof eine umfassende Missionsthätigkeit entfaltet habe«! Die Presbyter sagen cp. 29, er sei gereist ob ecclesiasticas utilitates. Diesen Ausdruck weiß ich nicht anders als in der im Text angegebenen Weise zu deuten.

2) Vgl. lib. prec. cp. 26 ff.

3) ibid. cp. 27. 28.

kanntesten von ihnen, Namens Paulus, ist noch ein Zeit-
genosse des »hochberühmten Antonius« gewesen, nicht weniger hervorragend in heiligem Eifer und von göttlicher Gnade
nicht weniger erfüllt als jener. [1]) Heraclidas aber führte
einen »himmlischen Lebenswandel«;[2]) er gehörte zu jenen
Heiligen, welche in Schaf- und Ziegenfellen einherwandern,
geschmäht, gedrängt und misshandelt. [3]) Er verachtete die
Güter dieser Welt und ihre Ergötzlichkeiten: [4]) darum galt
er den wahrhaft Rechtgläubigen als heiliger Mann, allen Häretikern aber und Abtrünnigen war er verhasst. Ein solcher
Mann als Bischof[5]) wusste sich bald bekannt zu machen;
von nah und fern strömten diejenigen zu ihm zusammen, die
mit den Abtrünnigen keine Gemeinschaft halten wollten, und

---

1) Dieses Zeugnis für den Antonius ist übrigens in dem Streit
über dessen Person und die vita Antonii bisher nicht beachtet worden. Und doch scheint es sehr wichtig! Wie es vorliegt, stammt es
freilich erst aus dem Jahre 384; aber die Leute, welche den Presbytern von Paulus und Antonius erzählten, beziehen sich auf die Zeit
um 360. Damals hat Paulus die angedeutete Wirksamkeit ausgeübt.
Damals schon galt Antonius als famosissimus und hat in der Mönchskolonie von Oxyrinchus, obwohl selbst nicht dort ansässig, einen
großen Ruf gehabt. Wollte man aber in dem Beiwort famosissimus
eine Einwirkung der berühmten vita Antonii sehen, so wäre deren
Existenz für das Jahr 380 gesichert, und ihre Herkunft aus
ägyptischen Mönchskreisen, an der man überhaupt nicht hätte
zweifeln sollen, würde aufs neue bezeugt. Die wenigen Angaben der
vita, welche nicht romanhaft gehalten sind, enthalten zudem nichts,
was den Angaben unserer Stelle widersprechen würde, wie wir noch
sehen werden.

2) conversatio caelestis, d. h. ein mönchisches Leben.

3) Vgl. lib. prec. cp. 27 nach hebr. 11, 37.

4) Heraclidas qui omnia saecularia respuens oblectamenta, per
ipsas amaritudines confragosae vitae istius, aemulans dominica vesti-
gia, nudus expeditusque virtutum iter salutare sectatur.

5) Dieser Mönch sah also keine Schande darin, Bischof zu werden, und vertritt somit die Grundsätze von vita Antonii 67. Weingarten, Ursprung des Mönchtums p. 19 (vgl. R. E. X, 770. 771), hat
aus dem Beispiel des Dracontius zu weitgehende Folgerungen gezogen.

es scheint, dass neben der eigentlichen Gemeinde besonders
auch die Mönche seine Partei genommen haben. [1]

Aber freilich, der Bischof Theodorus suchte alles auf-
zubieten, um diese Opposition zu vernichten. Auch er bot
die Behörden gegen sie auf, und es gelang ihm mehrfach
den Heraclidas zu vertreiben. Aber die Unterstützung der
Behörden mochte ihm nicht kräftig genug sein: er schickte
seine Kleriker in die Kirche des Heraclidas und ließ dieselbe zerstören; selbst den Altar zerschlug er zum Entsetzen
des Volkes. Aber nicht nur gegen den Bischof direkt richtete sich sein Zorn, auch die Gemeinde verfolgte er und die
Mönche; ja selbst der Nonnen und ihrer Klöster schonte er
nicht. [2]

Seine Verbrechen verschlimmerte in den Augen der Gläubigen der Umstand, dass er mit Apollonius, dem Bischof
der Meletianer in Oxyrinchus, kirchliche Gemeinschaft hielt, [3]
dessen Kirche ihm, als dem »Katholischen«, durch kaiserliches
Edikt später zugesprochen wurde. [4]

Diese Gemeinde war es, welche Ephesius aufsuchte. Wir
sehen, dass man kein Recht hat, dieselbe als eine luciferianische zu bezeichnen. Wohl hat sie dieselbe Tendenz —
denn auch sie steht in schärfster Opposition zu den praeva-
ricatores fidei, mögen dieselben auch als Katholiken sich
brüsten — aber sie ist bei ganz anderem Anlass entstanden
und älter als die luciferianische Bewegung. Aber das aske-
tische Ideal, welches sie zu verwirklichen suchte, ist auch
das der Luciferianer. Die Presbyter können nicht müde

---

[1] Die sancta plebs, die servi dei, die sacrae virgines werden
übrigens überall scharf geschieden.

[2] lib. prec. cp. 27 Ende: et longum est referri quae contra pu-
dorem propositumve sacrarum virginum molitus est, quarum mona-
steria pro merito sanctimoniae earum civitas ipsa veneratur.

[3] Auch hier trifft der Bericht mit vita Antonii 68 überein. Wir
finden denselben Hass gegen die ἀποστασία und πονηρία der Meletianer,
der dort gepredigt wird. Wenn aus dem Brief des Pinnes das Gegenteil hervorgeht, so darf man diesen einen Fall wieder nicht so ohne
weiteres verallgemeinern, wie Weingarten R. E. X, 775 thut.

[4] lib. prec. cp. 28.

werden, sich in den überschwänglichsten Lobeserhebungen
der »heiligen« Mönche zu ergehen; und sie setzen ausdrücklich den Gregorius von Eliberis und die übrigen »heiligen
Bischöfe« mit Heraclidas in Parallele. [1]) Ephesius aber scheint
sich bei seinem Besuche die Sympathieen der Gemeinde in
Oxyrinchus erworben zu haben', denn es heißt, dass man
ihn, als er nach Palaestina weiter reiste, unter Thränen geleitet habe »wie einst die Asiaten den Paulus«. [2])

Eine heilige Nonne in Eleutheropolis, Hermione
mit Namen, hatte den Heraclidas in einem Brief gebeten, [3])
ihr den Segen, seines Besuches zuwenden zu wollen. Statt
des Bischofes von Oxyrinchus machte sich Ephesius auf, um
ihrem Wunsche zu willfahrten. Sie stammte aus edler Familie, aber ihr Glaube und ihr heiliges Leben überstrahlte
den Adel der Geburt, und viele, welche gleich ihr die Welt
mit ihren Gütern und ihren Lasten fliehen wollten, kamen
zu ihr, um an der Reinheit ihres Wandels und der Stärke
ihres Glaubens sich zu erquicken. Der Besuch des Ephesius
hatte nun nicht nur den Erfolg, die Hermione und die In-
sassen ihres Klosters neu zu stärken, sondern es gelang auch,
einen vornehmen römischen Tribunen, den Severus, samt
seinem Hause [4]) zur Gemeinschaft mit dem Ephesius zu bewegen. Diese Erfolge mussten natürlich die Eifersucht des
Ortsbischofs Turbo auf das Äußerste erregen; dennoch aber
wagte er, wie uns die Presbyter erzählen, gegen seine Per-

---

1) lib. prec. cp. 27: merito ergo et beatus Gregorius ceterique
sancti episcopi, sanctimoniae istius (nämlich der von Heraclidas ge-
übten) venerabili consortio, in malis afflictae ecclesiae velut divinis
solatiis relevantur.

2) ibid. cp. 29 Ende. plebs — illum ob meritum divinae gratiae
pia eius dilectione constricta, ut quondam Asiani Apostolum Paullum,
cum magno fletu deduxit proficiscentem.

3) lib. prec. cp. 30.

4) nobilis domus religiosi ad fidem catholicam Severi ex tribunis
(cp. 29) — — —. Severus, qui tanto magis fidem dei vindicat, quanto
et romano imperio fideliter militat (cp. 30).

son nur behutsam vorzugehen [1]) und wartete den Augenblick
ab, wo Ephesius nach Afrika zurückkehrte. Das geschah,
doch ließ der Bischof seine Presbyter, Faustinus und
Marcellinus zurück, damit sie an seiner Statt das Wort
Gottes predigen und das heilige Mahl halten sollten. Man
hielt in den Häusern der Gläubigen gottesdienstliche Zu-
sammenkünfte ab, gerade wie zu der Zeit des Lucifer, denn
wir erinnern uns, dass damals Eutychius, der Bischof von
Eleutheropolis, in gewaltthätiger Weise gegen die Privat-
gottesdienste, welche Lucifer leitete, einzuschreiten für gut
fand. [2]) Turbo, sein Nachfolger, sah in dem Wachsen einer
Bewegung, welche sich zu seiner bischöflichen Gewalt in
direkte Opposition stellte, eine Gefahr, die er sich nicht
scheute mit den rohesten Gewaltmaßregeln zu beseitigen.
Er drohte sogar das Haus des Severus in Brand stecken zu
wollen, und die Nonne Hermione setzte er in harte Bedrängnis.

Die ihnen in Eleutheropolis zugefügte Unbill veranlasste
den Faustinus und Marcellinus zu ihrer Bittschrift an
die Kaiser. Von Marcellinus wissen wir nichts Näheres, und
sein schriftstellerischer Anteil an der Abfassung der Bittschrift wird nur ein geringer gewesen sein. Dagegen ist
Faustinus ein Mann gewesen, der sich auch sonst literarisch
bethätigt hat und als Theologe ein gewisses Ansehen genoss.
Einem unter seinem Namen gehenden Glaubensbekenntnis
zufolge wäre er einmal in den Verdacht des Sabellianisie-
rens gekommen. [3]) Wir vermögen seine theologischen Ansichten noch heute zu kontrollieren, denn es kann kein
Zweifel sein, dass das Buch de trinitate sive de fide adversus Arianos, welches als von ihm herrührend abgedruckt
zu werden pflegt, [4]) wirklich seiner Feder entstammt. Gen-

---

1) cp. 30 : adversus sanctum Ephesium modicum quid conati —
hi, quibus sacra veritas onerosa est, postea destiterunt, metuentes in
illo et fidei libertatem et constantiam animi.

2) Vgl. oben p. 22. 23.

3) Vgl. Faustini Presbyteri fides Theodosio Imperatori oblata
bei Gallandi VII, p. 460. Siehe auch oben p. 37 Note 1.

4) Gallandi VII, 441 ff. Migne XII, col. 37 ff.

nadius[1]) nennt als Werk des Faustinus die Schrift adversus
Arianos et Macedonianos in 7 Büchern an die Kaiserin Flac-
cilla gerichtet. Damit ist die oben genannte Schrift gemeint;
denn dass dieselbe als an die Kaiserin Galla Placidia gerichtet bezeichnet wird, beruht auf einer Verwechslung,
welche bereits Gallandi berichtigt hat.[2]) Auch an dem verschiedenen Titel darf man keinen Anstoß nehmen, denn das
vorliegende Werk beschäftigt sich in seinem 7. Capitel (oder
Buche) eingehend mit der Lehre vom heiligen Geiste und
bekämpft die Gegner, wenn auch der Name Macedonianer
nirgend begegnet. Die Kaiserin hatte den Faustinus um eine
Darlegung der katholischen Ansicht von der Trinität den
Arianern gegenüber gebeten und scheint die arianische Ansicht in einem Briefe selbst zu verteidigen gesucht zu haben.[3])
Es ist wohl wahrscheinlich, dass das geschah, als Faustinus
sich im Jahre 384 zum Zweck der Überreichung der Bittschrift in Constantinopel aufhielt; vielleicht wandte sich Flac-
cilla an ihn, nachdem das Reskript des Theodosius auf die
Bittschrift den Presbyter als rechtgläubigen Katholiken beglaubigt hatte.

Die Schrift selbst beschäftigt sich zunächst mit den bekannten Vorwürfen der Arianer gegen die katholische Lehre
und setzt diesen gegenüber die letztere auseinander. Die
Darlegung bietet kaum etwas Eigenartiges; sie ist in der
bekannten Weise an eine Anzahl von Bibelsprüchen, besonders solcher aus dem Johannes-Evangelium angelehnt und
mehrfach werden einzelne Stellen ausführlich exegesiert. Das
letzte Capitel ist der Lehre vom heiligen Geist gewidmet.
Die Schärfe und Rücksichtslosigkeit des Ausdrucks passen
nicht übel zu dem Bilde, welches man nach dem libellus
precum von Faustinus sich zu machen geneigt sein möchte;
und dieser Eindruck wird verstärkt, wenn der Verfasser am

---

1) Gennadius catal. 16.

2) Gallandi VII proleg. XIII. Inkonsequent genug druckt er selbst
das Werk als ad Gallam Placidiam ab.

3) Vgl. die Vorrede der Schrift: sed quia in his quae scribere
dignata es ex persona haereticorum, vidi plurima esse confusa — —.

Schluss sich deutlich als Luciferianer bekennt und sich gegen
den Vorwurf verteidigt, als wolle er aus bloßem Aberglauben
nicht mit Abtrünnigen und Häretikern Gemeinschaft halten.[1]

Fast wie eine Ironie des Schicksals mutet uns die Thatsache an, dass dasselbe kaiserliche Edikt, welches die Luciferianer in gnädigsten Worten als rechtgläubige Katholiken
anerkennt, welches die Verfolgungen und Bedrückungen der
Anhänger Gregorius des Spaniers und Heraclidas des Orientalen zu sistieren befiehlt, da das, was unsterblich zu sein
verdiene, auch unverletzt erhalten werden müsse, die letzte
historische Nachricht ist, die wir von den Luciferianern besitzen. Die Bewegung ist, wie so manche andere rigoristische,
nach kurzer Zeit im Sande verlaufen. Die Weltkirche, der
sie Opposition machte, das Mönchtum, dessen Ideal sie teilte,
ohne seine Formen anzunehmen, haben die Stürme der Zeit
überdauert.

---

1) de fide cp. VII, 4 gegen Ende: sed ego haec ipsa, licet bre-
viter, intimavi, ne nos de vana superstitione credat aliquis nolle com-
municare cum talibus, quos perspicit per divinam sententiam repro-
bari; vgl. das Voraufgegangene.

Anhang.

I.

Zu den Schriften Lucifers.

a. Handschriftliche Überlieferung.

Die Schriften Lucifers von Calaris sind uns nur in einer einzigen[1] Handschrift erhalten geblieben, die wechselnde Schicksale gehabt zu haben scheint.[2] Tilius benutzte in der editio princeps (vgl. darüber unter b) nur einen Codex, und die ihm zunächst folgenden Herausgeber haben sich damit begnügt, den ihnen von Tilius gebotenen Text ihren Ausgaben zu Grunde zu legen. Als die Gebrüder Coleti zu einer neuen Ausgabe schritten, meinten sie, zur Vergleichung eine ganz neue Handschrift heranziehen zu können, die sie als cod. vatic. 75 bezeichnen. Sie selbst bemerken aber, dass die Abweichungen, die ihre Handschrift von dem Text des Tilius biete, nur höchst unbedeutende seien,[3] wobei noch zu erwägen ist, dass die Ausgabe des Tilius nach seinem eigenen Geständnis nicht allzu sorgfältig gearbeitet war.[4] Wir sind daher zu der Annahme berechtigt, dass der cod. vatic. 75 mit dem von Tilius benutzten identisch war. Aber auch er ist uns nicht mehr unter derselben |Nummer erhalten. Nach Reifferscheid[5] trägt er vielmehr jetzt die Nummer 133. Da er zu der bibliotheca

---

1) Die Straßburger Handschrift, welche nach Hänel, catalogus librorum scriptorum (1830) col. 455 oben, Schriften des Lucifer enthielt, ist mit der Bibliothek verbrannt.

2) Vgl. darüber auch Hartel a. a. O. p. I ff.

3) proll. VIII: sed non eiusmodi sunt (diversae dictiones) quae sententiam immutent, et varias plerumque voces, varia ab editis ex Tiliano codice nomina solummodo exhibent.

4) Er selbst nennt sich in seiner praefatio ad pontificem: nimis occupatus.

5) bibliotheca I, p. 383.

7

reginensis gehört, in welcher die Nummern der Handschriften häufig
gewechselt haben, so ist auch hier an der Identität nicht zu zweifeln.
Tilius wird den Codex in irgend einem französischen Kloster gefunden
haben, von wo aus er später in den Besitz der Königin Christine von
Schweden gekommen sein mag. [1]

Die Handschrift, die bei Reifferscheid näher beschrieben ist, gehört dem neunten oder zehnten Jahrhundert an [2] und enthält die
Schriften in dieser Reihenfolge: de Athanasio I. II, [3] de regibus
apostaticis, de non conveniendo cum haereticis, de non parcendo in
deum delinquentibus, moriendum esse pro filio dei. Es folgt sodann
die epistola Florenti ad Luciferum und diejenige Luciferi ad Floren-
tium. Sodann Athanasii epistola ad Luciferum I. Die Zwischenbemer-
kung: his acceptis literis beatus Lucifer misit libros quos ad Constantium conscripserat, quos cum legisset Athanasius, hanc infra epistolam
misit, haben die Coleti nicht mit abgedruckt, daher wohl Reifferscheid
sie für unediert hält. Doch finden wir sie bei Tilius, in der Bibliotheca maxima und bei Gallandi. Es folgt im Codex epistola II Athanasii ad Luciferum und zwei Schriftstücke, welche mit Lucifer nicht
direkt in Beziehung stehen: epistola Liberii ad imperatorem und exem-
plum epistolae Athanasii solitariae vitae studentibus.

Von dem zweiten Briefe des Athanasius an den Lucifer fanden
die Coleti eine Abschrift in einem cod. venet. saec. X. der Bibliothek des Matthaeus Aloysius. [4] Nach Montfaucon [5] sollen Briefe des
Lucifer in einer Handschrift überliefert sein. An der Stelle seines
Werkes, auf die er im Index verweist, [6] habe ich die Handschrift
nicht gefunden.

Ferner ist im Index bei Montfaucon eine vatikanische Handschrift
erwähnt, welche einen Brief des Lucifer — epistola ad superbos —

---

1) Bei Montfaucon, bibliotheca bibliothecarum p. 15 a, vgl. auch
67 b, findet sich derselbe Codex als nr. 62 der bibl. regin. aufgeführt.
Die oben gegebenen Notizen verdanke ich meist Herrn Dr. von Geb-
hardt in Berlin.

2) Schon die Coleti datierten ihre Handschrift auf das 9. Jahrhundert.

3) Das erste Buch dieser Schrift ist im Codex als quia absentem
nemo debet iudicare nec damnare bezeichnet. Am Schlusse heißt es:
de Athanasio lib. I. explicit, und entsprechend am Schlusse des zweiten. Hartel hat danach die Überschrift de Athanasio angenommen:
die bisherigen Herausgeber bezeichneten die Schrift als pro Athanasio, was den Inhalt am besten wiedergiebt.

4) Vgl. praef. VIII.

5) Index.

6) p. 35 c. Druckfehler scheint nicht vorzuliegen.

enthalten haben soll, von dem wir sonst nichts näheres wissen, und eine mailändische Handschrift der angeblichen confessio fidei Luciferi. [1] Diese letztere haben auch die Coleti eingesehen. [2]

b. Ausgaben.

Die editio princeps veranstaltete im Jahre 1568 Tilius, der gelehrte Bischof von Meaux. Er versah sie mit einer Vorrede an Papst Pius V, in welcher er darlegt, wie gerade der Eifer des Lucifer für die Orthodoxie in dieser Zeit trauriger Verwirrung der Kirche zu einer Herausgabe seiner Schriften ihn veranlasst habe, [3] obwohl auch er die maßlose Heftigkeit der Polemik gegen den Kaiser Constantius missbilligt. Bei der Herausgabe befolgte er die ihm durch seine Handschrift an die Hand gegebene Reihenfolge der Schriften. Er betrachtete die einzelnen Bücher als Teile eines einzigen Werkes; [4] dem Text fügte er nur wenige und unbedeutende Noten bei. Prolegomena finden sich nicht.

Auf Grund dieser Angabe entstand zunächst die der Bibliotheca maxima Lugdunensis. [5] Sie war indessen kein Fortschritt, da sie kein neues Material hinzubrachte, nur willkürlich änderte, und — ein Zeichen für die damalige Kritiklosigkeit — die Bibelcitate nach der Vulgata veränderte.

Cotelerius trug sich mit dem Gedanken einer neuen Ausgabe, zu der er bereits viel, besonders die Itala des Lucifer betreffendes, Material gesammelt hatte. [6] Der Tod hat den ausgezeichneten Mann, der wie wenig Andere zu dieser Arbeit befähigt war, an der Ausführung gehindert. [7]

Gallandi gab in seiner Bibliotheca die Schriften aufs Neue heraus. Sein Text war der Ausgabe von Tilius und zwar dem Pariser Neudruck von 1644 entnommen. Gallandi versah die Bücher mit einer Capiteleinteilung und fügte Prolegomena sowie eine Reihe von Noten

---

1) Vgl. auch Montfaucon, Diarium Italicum p. 19.

2) Vgl. hierzu p. 37 Note 1 dieser Arbeit.

3) inter quos (scil. patres) clarissimum mihi sidus Lucifer hic, solis lumen referiens, affulsit qui pessimam istam ac omnium post homines natos maximam Arii haeresim, antichristi matrem, in apertum proferat et elucidat.

5) nam etsi totum volumen mihi opus videatur tractu uno imp. Constantio continuatum, ipsum tamen in libellos partitus est auctor etc.

5) IV, p. 181—253.

6) Cotel. patr. apost. (edit. II) I, p. 264, in einer Anmerkung zu const. apost. II, 57. Auch Latinus Latinius hatte manche kritische Notizen gesammelt. Vgl. auch Hartel a. a. O. p. III.

7) Vgl. Cave, hist. liter. I, 216. Fabricius — Harless bibl. graec. IX, 303.

hinzu, die auch auf Bemerkungen des Cotelerius, Latinius u. A. Bezug nahmen.

Dass die vom Abt F r o m m a n n projektierte Ausgabe nicht zu stande gekommen ist, braucht man, da er sich in seiner noch anzuführenden Schrift über Lucifer nicht als sonderlich qualificiert erweist,[1] nicht zu bedauern.

Eine neue, auf selbständigen Arbeiten beruhende Ausgabe war zu einem Bedürfnis geworden, und diesem wurde durch die Bemühungen der beiden Brüder Johann Dominicus und Jacob C o l e t i vollständig entsprochen.[2] Dieselben revidierten den Text vollständig, stellten durchgängige Vergleiche ·der Bibelcitate mit dem damals besonders durch Sabatiers Bemühungen ermittelten Text der Versio antiqua an und gaben unter dem Text eine Reihe, auch auf Vorgänge aus der Zeitgeschichte sich beziehender Anmerkungen. In einer ausführlichen praefatio verbreiteten sie sich über Lucifers Schriftinterpretation, über einige seiner theologischen Ansichten, über einzelne schwierige oder verderbte Stellen seiner Schriften und über deren Abfassungszeit. Die Schriften selbst druckten sie in der Reihenfolge ab, die ihrer Untersuchung sich als die wahrscheinliche herausgestellt hatte. Das Leben Lucifers stellten sie ausführlich und an einzelnen Stellen nicht ohne gute Bemerkungen dar. Der ganzen Ausgabe, die durch den Brief des Lucifer an den Eusebius von Vercellae und durch den des Liberius an den Lucifer bereichert ist, fügten sie ein Register der in den Schriften vorkommenden Namen u. s. w. bei.

Leider haben sie die Capiteleinteilung des Gallandi wieder fallen lassen und kein Register beigefügt, welches über die von Lucifer citierten Schriftstellen im Zusammenhang Auskunft gäbe.[3]

Auch diese beiden Desiderien hat die neue Ausgabe von H a r t e l[4] erfüllt. Dieselbe giebt den Inhalt des oben beschriebenen Codex ganz wieder,[5] doch so dass sie die von den Coleti angenommene Reihenfolge der Schriften beibehält. Sie liefert zum ersten Mal einen kritisch gesichteten und nach Möglichkeit gesicherten Text der Werke des Lucifer. Obwohl auch Hartel nur eine Handschrift zu Gebote

---

1) Vgl. hierüber unter c.

2) Luciferi episcopi Calaritani opera omnia quae extant. Venetiis 1778, abgedruckt bei Migne patr. lat. XIII, 698—1050.

3) Die Ausgabe der Coleti hat eine lange und wohlwollende Recension erfahren in Döderlein, theologische Bibliothek I (1780) 599—615. Die Recension selbst ist wegen einiger Erwägungen, Ergänzungen und Berichtigungen von Wichtigkeit.

4) corp. script. eccles. latin. vol. XIV Luciferi Calaritani opuscula ex recensione Guilelmi Hartelii. Vindobonae 1886.

5) Also auch den Brief des Liberius an den Kaiser und den des Athanasius an die solitariae vitae studentes. Vgl. oben p. 98.

stand, ist es ihm doch gelungen, auf Grund einer erneuten Vergleichung derselben und einer scharfen Unterscheidung von Grundschrift und mehrfachen Korrekturen, sowie einer eindringenden Untersuchung über das genus dicendi des Lucifer, [1] eine große Reihe von evidenten Textverbesserungen vorzunehmen. Die ausführlichen Register bestehen 1) in einem Verzeichnis der bei Lucifer citierten Schriftstellen und der aus anderen Autoren entnommenen Sätze (index scriptorum); 2) einem Namen- und Sachverzeichnis, welches im Vergleich mit dem der Ausgabe der Coleti beigegebenen bedeutend bereichert ist; 3) einem index verborum et locutionum, welcher gerade bei einem Schriftsteller wie Lucifer eine besonders willkommene Zugabe ist. Die Prolegomena behandeln nur textkritische Fragen. [2]

c. Verlorene Schriften.

Außer den bereits oben erwähnten Briefen muss eine Korrespondenz mit Hilarius oder doch wenigstens ein Brief an denselben verloren gegangen sein. [3] Lucifer selbst spricht einmal von Briefen, die er an den Kaiser gesandt, [4] wenn darunter nicht der Brief an den Florentius gemeint sein sollte. Endlich spricht Athanasius in seinem zweiten Briefe an Lucifer davon, dass er von demselben bei Übersendung seiner Werke ein Schreiben erhalten habe. [5] Schriften von irgend welcher Bedeutung sind indessen nicht verloren gegangen.

d. Literatur über Lucifer.

Über Leben und Schriften Lucifers finden sich in allen literarischen, patristischen und kirchengeschichtlichen Sammelwerken mehr oder weniger eingehende Notizen. Tillemont[6] hat ihm und dem Schisma einen längeren Artikel gewidmet. Die Abhandlung von Ceillier[7] zeichnet sich vornehmlich durch eine genaue und eingehende Ana-

---

1) Lucifer von Cagliari und sein Latein in Wölfflins Archiv III, p.1 ff.
2) Vgl. meine Anzeige dieser Ausgabe in Theol. Lit.-Ztg. 1886 Col. 297.
3) Vgl. über seinen Streit mit Hilarius oben p. 38 ff.
4) non parc. p. 256, 6 (212, 20).
5) Hartel, Lucifer von Cagliari u. s. w. ist der Ansicht, dass an beiden Stellen unter den epistolae et libri nur die uns vorliegenden Bücher gemeint seien. Dass man die libri auch epistolae nennen könnte, muss zugegeben werden. Aber warum heißt es beide Male libri et epistolae?
6) Mémoires etc. VII, 514—528 und notes 763—769. Vgl. auch den Aufsatz über Eusebius von Vercellae VII, 529—563.
7) Histoire générale etc. Tom. V, 384—439.

lyse der Schriften Lucifers aus und hat im Übrigen vor der Tillemonts
den Vorzug einer gewandteren Behandlung des Stoffes. Frommanns[1]
Aufsatz, der als Einleitung zu seiner Ausgabe dienen sollte, ist lediglich unter dem Gesichtspunkt der lateinischen Stilübung zu betrachten.
Auf das Sorgfältigste hat Walch[2] unter Benutzung aller Nachrichten
Leben und Schriften des Lucifer sowohl wie das Schisma der Luciferianer behandelt. Seine gedrängt referierende, trockene, aber nicht
selten humorvolle Darstellung ist sehr zuverlässig und durchweg von
vorzüglicher Brauchbarkeit. Endlich sind noch Papebroch[3] in den
acta sanctorum und die prolegomena der Brüder Coleti zu vergleichen.[4]

e. Abfassungszeit der Schriften Lucifers.

Es ist immer eine schwierige Aufgabe, die Abfassungszeit von
Schriften zu ermitteln, welche, wie die des Lucifer, nur in ganz allgemeinen Bemerkungen auf Vorgänge der Zeitgeschichte Rücksicht
nehmen und sonst keinen Anhaltepunkt für die Bestimmung bieten.
Dennoch muss der Versuch gemacht werden, zumal uns wenigstens
einige Argumente zu Gebote stehen, welche von den bisherigen Bearbeitern[5] nicht beachtet sind oder nicht beachtet werden konnten.
Zur Evidenz bringen lässt sich die Zeit der Abfassung der einzelnen
Schriften überhaupt nicht. Bis zu welchem Grade von Wahrscheinlichkeit man gelangen kann, sollen die folgenden Zeilen untersuchen.
Da Lucifer um die Jahreswende 355/56 bereits verbannt war und
seine Schriften sich alle gegen den Kaiser Constantius richten, der
am 3. Nov. 361 starb, so ist die Zeit von 356—361 für die Abfassung
sämtlicher Schriften sicher gestellt. Da ferner die Ansicht des Tilius,
dass alle Bücher ein großes Werk repräsentieren, lediglich eine Willkürlichkeit ist und durch Lucifers eigene Äußerungen widerlegt wer-

---

1) Frommann, E., de Lucifero Calaritano olim praesule epistula.
Coburg 1767.

2) Ketzergeschichte III, 338—377.

3) Acta sanct. Boll. Mai V, 28 ff. (neue Ausgabe).

4) Vgl. auch folgende Artikel: bei Herzog, Realencyklopädie
IX, 109 ff. (Möller); Welte, Kirchenlexikon VI, 610 ff. (Reusch);
Dictionary of Christian biography II, 749—751 (Davies); Moroni,
Dizionario di eruditione storico-ecclesiastica vol. XL.

5) Mit der Untersuchung unserer Frage haben sich beschäftigt:
Baronius ad ann. 356; Tillemont VII, 763; Gallandi in den prolegomena seiner Ausgabe; Papebroch cp. II, vgl. cp. IV; Montfaucon in
der vita Athanasii; Matthaei, Sardinia Sacra p. 73; die Coleti in den
proleg. § 4. Außerdem vgl. die Note 4 citierten Artikel.

den kann, so ist die Ansicht nicht von vorn herein abzuweisen, dass
die Bücher zu ganz verschiedenen Zeiten abgefasst sein möchten. [1]

Wären uns irgend welche sichere Hinweise gegeben, an welchem
Ort das eine oder andere der Bücher verfasst sei, so würden wir da-
durch einen wenigstens einigermaßen festen Ausgangspunkt gewinnen.
Es ist aber zu sagen, dass wir darüber lediglich nichts wissen und
dass z. B. die Kombinationen der Coleti aus bereits feststehenden
Resultaten ihrer Untersuchung abstrahiert sind.

Da zunächst kein Grund vorliegt, von der handschriftlichen Anordnung der Bücher abzuweichen, so werden wir die Untersuchung
mit der Frage nach der Abfassungszeit der beiden Bücher de Athanasio beginnen müssen. Zudem weist das erste dieser Bücher relativ
die meisten chronologischen Notizen auf, an deren Beurteilung wir
anknüpfen können. Tillemont, Montfaucon, Gallandi, die Coleti und
Möller stimmen darin überein, dass sie annehmen, die beiden Bücher,
welche dem Constantius überreicht wurden, [2] könnten nicht vor Ende
des Jahres 359, aber auch nicht lange nach Anfang 360 geschrieben
sein.

Diese Behauptung stützt sich auf folgende Stelle in de Athanasio I [3]: ergo quia Saporinus Persarum rex nunc contra te gerit
praelium, si tibi dixerit — —. Es steht fest, dass mit den Persern
um die Jahreswende 357/358 Friede geschlossen war, [4] ferner dass
Sapor im Herbst 359 Amida belagerte und eroberte, endlich dass der
Krieg, obwohl erneut, im ganzen Jahre doch nur lax geführt wurde
und der Kaiser Constantius erst im Frühjahr 360 aus seiner Residenz
aufbrach, um persönlich die Führung zu übernehmen. Aber zu einer
vollständigen Waffenruhe ist es doch auch im Jahre 358 nicht gekommen, [5] und man kann darum, wenn andere Zeugnisse entgegen-
stehen sollten, [6] aus diesen Worten Lucifers nichts beweisen.

Andererseits scheint es unmöglich, mit dem Recensenten der
Ausgabe der Coleti in Döderleins theologischer Bibliothek [7] anzunehmen, die Bücher möchten bereits in der allerersten Zeit des Exils,
auf der Reise nach Germanicia, abgefasst sein. [8] Der Recensent will

---

1) Tillemont und Montfaucon setzen alle Bücher in das Jahr 360.
2) Dass sie dem Constantius allein überreicht wurden, ist zwar
die althergebrachte Meinung, aber nicht zu beweisen.
3) Athan. I, p. 116, 21 (91, 10).
4) Amm. Marc. XVII, 5.
5) ibid. XVII, 14.
6) Siehe weiter unten.
7) a. a. O. p. 609.
8) Papebroch a. a. O. cp. III. IV und Matthaei a. a. O. p. 73
setzen die Abfassung in das germaniciensische Exil.

das aus dem Satz des Lucifer: ad quem me destinasti Germaniciensium, Adoxium,[1]) schließen: Lucifer sei eben noch gar nicht nach Germanicia gekommen. Aber der Umstand, dass Lucifer in demselben Buche den Eudoxius bereits als Bischof von Antiochien[2]) erwähnt, worauf wir noch zurückkommen werden, beweist zur Genüge, dass diese Datierung eine falsche ist. Dass für Lucifer auch in späteren Jahren Eudoxius nur als Bischof von Germanicia zählte, kann bei ihm durchaus nicht auffallen.

Es ist, seitdem der Wert der historia acephala[3]) (oder vita acephala) und des Vorberichtes zu den Festbriefen des Athanasius[4]) allseitig anerkannt worden ist und dieselben sich als eine Quelle ersten Ranges für die Chronologie der in ihnen behandelten Zeit erwiesen haben, keinem Zweifel unterworfen, dass Georgius von Alexandrien am 2. Oct. 358 von seinem Stuhle vertrieben wurde. An den Stellen nun, wo Lucifer auf den Georgius und seine angeblichen Schandthaten zu sprechen kommt,[5]) setzt er deutlich voraus, dass derselbe sich noch in Alexandrien befindet, aber auch, dass er sich bereits in hohem Grade unbeliebt 'gemacht hat. Es wird auf den Brief der Alexandriner hingewiesen, in welchem sie sich bei dem Kaiser beschweren;[6]) aber Lucifer weiß noch nichts von der Vertreibung des Georgius: sonst hätte er nicht so schreiben können, wie er geschrieben hat. Die Bücher de Athanasio können, nach diesen Stellen zu urteilen, nicht wohl nach dem Jahre 358 abgefasst sein.

Die Stelle: item etiam — conparandus (es) cani (Constantius wird angeredet) qui redierit ad vomitum suum, quod enim acceperis veritatem non esse catholicum Adoxium Germaniciensium et dederis contra eundem literas ad Antiochenos, et postea hunc eundem Adoxium defendere coeperis veritatis esse doctorem,[7]) ist von den Coleti dahin gedeutet worden, dass der im Sommer 358 nach dem Concil von Ancyra abgesetzte Eudoxius erst nach der Synode von Seleucia (also

---

1) Athan. I, p. 81, 3 (65, 1).
2) ibid. p. 117, 20 (92, 6).
3) Vgl. oben p. 44 Note 2.
4) Vgl. Larsow', Festbriefe etc. Über das Verhältnis der chronologischen Notizen des Vorberichts zu denen der hist. aceph. hat zuletzt Gwatkin a. a. O. 103/105 gehandelt und gezeigt, dass viele der angeblichen Differenzen auf Missverständnissen seitens der Forscher (besonders Hefeles) beruhen.
5) Athan. I, p. 80, 3 (64, 3); 81, 2 (64, 28). II, p. 181, 21 (144, 4); 193, 23 (154, 4); 194, 18 (155, 2).
6) Athan. I, p. 81, 6 (65, 7): haec ita se habere ex actibus ipsius Georgii legens contestationes Alexandrinorum poteris colligere. Vgl. Baron. ad ann. 356 nr. 3 ff.
7) Athan. I, p. 117, 18 (92, 4).

gegen Ende 359) sich wieder in die Gunst des Kaisers eingeschlichen habe. Hierauf nun sollen sich die Worte: et postea hunc — beziehen. Dann würde diese Stelle in das Jahr 360 weisen. Dieser Auffassung aber widerspricht der historische Sachverhalt. Es ergiebt sich nämlich aus Philostorgios: [1] Eudoxius wurde nach dem Concil von Ancyra auf Veranlassung des Basilius von Ancyra und seiner Genossen abgesetzt. Er musste Antiochien verlassen und sollte als Privatmann leben; so zog er sich nach Armenien zurück. [2] Aber bereits kurze Zeit darauf, als Constantius den Beschluss fasste, ein öcumenisches Concil nach Nicomedien zu berufen, rief der Kaiser die exilierten Bischöfe der homöischen Partei, also auch den Eudoxius zurück. [3] Das muss einige Zeit vor dem Erdbeben am 24. August 359, welches die Zusammenkunft der Bischöfe in Nicomedien unmöglich machte, geschehen sein. Eudoxius nahm an den weiteren Verhandlungen aktiv Teil, bis ihn die Synode von Seleucia wieder absetzte. [4] In Folge der gleich darauf ins Werk gesetzten homöischen Reaktion kam aber dieser Beschluss gar nicht zur Ausführung; vielmehr ward Eudoxius mit dem Patriarchenstuhl von Constantinopel belohnt.

Der Zusammenhang der oben citierten Worte Lucifers lässt nun deutlich erkennen, dass an jener Stelle an den plötzlichen Meinungsumschwung des Kaisers gedacht ist, dessen wir soeben Erwähnung thaten. Wir 'sind also auch von dieser Seite nicht genötigt, die Schrift des Lucifer nach dem Herbst 358 anzusetzen.

Endlich vermögen wir den apologetica des Hilarius, deren wir an einem anderen Orte bereits gedacht haben, [5] einen weiteren Beweis für die Abfassung im Jahre 358 zu entnehmen, wenn auch die Worte dunkel genug gehalten sind. Es heißt dort[6]: et idcirco (me) similem, non solum aequalem sed etiam eandem dixisse, ut neque similitudinem, quam tu frater Lucifer praedicare volueras, improbarem. Hilarius hat also bereits in seiner Schrift de synodis auf Äußerungen Lucifers Rücksicht genommen: dieses Werk aber ist Ende 358, spätestens Anfang 359, geschrieben. [7] Nun liegt die einzige

---

1) Philost. hist. eccl. IV, 8. 11.

2) ibid. IV, 8.

3) ibid. IV, 10: Πατρόφιλον, τὸν Σκυθοπόλεως καὶ πάρκισσον τὸν Εἰρηνοπόλεως καὶ ἑτέρους σὺν αὐτοῖς — — τὸν Κωνστάντιόν φησι (scil. Φιλοστόργιος) ἀναδιδάξαι τὰ παρὰ τοῦ Βασιλείου δεδραματουργημένα καὶ τὸν καταπλαγέντα καὶ ὑπεραλγήσαντα τῶν μὲν μεθορίων τοὺς κατεψηφισμένους ἀνεῖναι — —.

4) ibid. IV, 11.

5) Vgl. oben p. 38 Note 2.

6) Hilar. apol. ad repreh. nr. 3. Migne X 546.

7) Ich halte an dieser Datierung der Schrift mit den Benedictinern und Gwatkin a. a. O. p. 164 gegen Reinkens, Hilarius p. 174,

Stelle bei Lucifer, welche Hilarius berücksichtigt haben kann, im ersten Buche de Athanasio vor, wo es vom filius dei heißt, er sei similis atque aequalis patri.[1] Hat Hilarius diese Stelle gekannt — und das ist man gezwungen anzunehmen — so werden wir mit der Datierung der beiden Bücher wiederum auf die Zeit Ende 358, etwa in den Herbst verwiesen.

Die Vermutung der Coleti, dass die beiden Bücher teils in Germanicia, teils in Eleutheropolis abgefasst sein möchten, also auch zu verschiedenen Zeiten, ist durch nichts an die Hand gegeben.[2]

Fassen wir die obigen Argumente zusammen, so müssen wir sagen: der Abfassung im Jahre 358 steht nichts entgegen; die angeführten positiven Gründe machen sie mehr als wahrscheinlich.

Die beiden in der Handschrift zunächst folgenden Bücher: de regibus apostaticis und de non conveniendo cum haereticis sicher zu datieren, ist unmöglich. Was zunächst die erstere Schrift anbetrifft, so bietet sie für nähere Bestimmungen keinerlei Handhaben. Nur aus dem Satze: si fuissem haereticus, ut dicunt Lucifer, Pancratius, Hilarius — — iam in me fuisset vindicatum,[3] der dem Constantius in den Mund gelegt wird, könnte man schließen wollen, dass hier eine Reminiscenz an das Concil zu Mailand zu Grunde liege; denn dieser Ausspruch wird an einer Reihe von Stellen mit geringen Variationen citiert und scheint dem Lucifer lebhaft in der Erinnerung.

Ähnlich steht es mit der anderen Schrift, nur dass hier Erinnerungen an das Concil von Mailand die ganze Schrift durchziehen, die es uns sehr nahe legen, das Buch in nicht zu ferne Zeit von 356 zu setzen. Jedenfalls finden sich nirgend Indicien, die eine besonders späte Abfassung gerade dieses Buches als wahrscheinlich erscheinen lassen.[4] Auch hier bezieht sich der wiederholt angeführte Ausspruch des Constantius: pacem volo fieri[5] auf Mailänder Vorgänge und ist dem Lucifer von jener Gerichtsverhandlung[6] her in Erinnerung ge-

---

der für das Frühjahr 359 ist, fest. Übrigens würde auch die letztere Datierung unserem Resultate nicht hinderlich sein.

1) Athan. I, p. 125, 13 (98, 8).

2) Die Coleti in der vita Luciferi XLII. Dort wird auf die Ausführungen in § 4 der Prolegomena über diesen Punkt zurückgewiesen; ich habe aber auch dort den Beweis vergebens gesucht.

3) reg. apost. p. 47, 5 (38, 10).

4) Möller a. a. O. p. 109 ist für die Abfassung im Jahre 360. Nach ihm ist non parc. die erste Schrift. Über die Unmöglichkeit dieser Annahme siehe p. 107 und Note 2.

5) p. 13, 18 (12, 13) und öfter.

6) Vgl. oben p. 17.

blieben. Auch auf das Edikt, welches der Kaiser von seinem Palast aus erließ, ist angespielt. [1]

Betreffs dieser beiden Schriften wird es demnach jedenfalls bei einem non liquet bleiben müssen. Wir sind geneigt, sie für die frühesten zu halten, und es würde dann nicht unmöglich sein, dass sie zusammen mit den beiden Büchern de Athanasio dem Constantius überreicht wurden.

Von dem Buche de non parcendo in deum delinquentibus lässt sich zunächst mit Sicherheit behaupten, dass es mehrere Schriften des Lucifer bereits zur Voraussetzung hat. [2] Lucifer selbst sagt [3]: probant epistolae meae mediocritatis et libri rustico scilicet sermone conscripti, me saepe dixisse — —. Hier können nur die Bücher gemeint sein, welche er bereits an den Kaiser abgesandt hatte. Die Abfassung des in Rede stehenden Buches setzt somit jene Correspondenz mit dem Florentius voraus. [4]

Ist dies sicher, so steht nichts im Wege, den Satz: — — quando quidem tu ad eius (scil. Dei Filii) divinitatem negandam omnem convocaveris orbem [5] auf die Vorgänge des Jahres 359 zu beziehen und darin eine Anspielung auf die großen Synoden in Occident und Orient, die auf Befehl des Kaisers zusammentraten, zu sehen. In den Worten: apostolicam atque evangelicam contra vos haereticos apud Nicaeam descriptam fidem fecisti iudicare haereticam et blasphemiam tuam fecisti dici catholicam [6] werden vielleicht gleichfalls die genannten Synoden oder doch die Formel vom Mai 359 vorausgesetzt, wenn schon unter blasphemia auch die sirmische Formel von 357, welche gewöhnlich blasphemia κατ' ἐξοχήν genannt wird, gemeint sein kann. Dasselbe ist der Fall bei den Worten: convincent te oppositiones sectae tuae episcoporum, comblasphemorum videlicet tuorum; convincent te libelli recitati a te ac dati Romae episcopis etiam catholicis. [7] Vor dem

---

1) p. 19, 4 (17, 2) und öfter. p. 15, 21 (13, 32) werden Epictetus von Centumcellae, Saturninus von Arles, Valens und Ursacius zusammen genannt. Sie hatten nach der Liste des Baronius das Verdammungsurteil des Athanasius zu Mailand unterschrieben. Der Ausdruck: si tecum in concilio maledicto vestro mansissemus p. 26, 29 (23, 24) kann nur auf ein Concil bezogen werden, wo Lucifer mit dem Kaiser zusammentraf. Die Worte p. 19, 4 (17, 2): edictum in quo omnia venena tuae haeresis continentur entsprechen der Beschreibung, welche Sulp. Sev. II, 39 von dem Mailänder Edikt macht: epistola omni pravitate infecta.

2) Möllers Ansicht wird hierdurch widerlegt.

3) non parc. p. 256, 7 (212, 21).

4) Vgl. oben p. 25.

5) p. 266, 28 (222, 5).

6) p. 265, 19 (220, 28).

7) p. 212, 23 (172, 10).

Sommer 359 wird also diese Schrift nicht abgefasst sein. Das stimmt mit unserer Datierung der Bücher de Athanasio, sofern deren Übersendung an den Kaiser und die dadurch hervorgerufene Correspondenz uns allein schon weit in das Jahr 359 hineinweist.

Die Schrift moriendum esse pro dei filio ist die letzte der Schriften Lucifers. Es lassen sich einige positive Argumente geltend machen, welche eine nähere Datierung uns ermöglichen. 1) weist Lucifer auf frühere Schriften zurück, indem er einmal das Buch de regibus apostaticis citiert.[1] 2) setzt die Schrift voraus, dass Eudoxius bereits Bischof von Constantinopel ist.[2] Das aber ward er nicht vor Ende Januar 360.[3] Nur eine Notiz könnte uns zweifelhaft machen, wenn nicht auch hier die vita acephala uns zur Hülfe käme. Es heißt nämlich an einer Stelle[4]: recordare, Constanti, de scelerum tuorum memoria recenti quam tibi in civitate Alexandrinorum inussisti, quantos per abrupta una tincta subscriptionis tuae deiecerit, quantos gladio demeti feceris, quantos fame sitique exedi vel carceribus necari, quantos intercepto effecerit spiritu strangulari. Dies scheint sich auf ähnliche Vorgänge, wie sie in den Büchern de Athanasio und an anderen Stellen erwähnt werden, zu beziehen, und das memoria recens würde dann wieder in das Jahr 358 führen. Nun aber heißt es in der vita acephala[5]: post menses autem IX integros profectionis Georgii de Alexandria Paulus notarius advenit Pachymi XXIX (23. Juni) consulante Eusebio et Hypatio (359) et proposuit imperiale praeceptum pro Georgio et domuit multos ob eius vindictam.[6] Auf diese Maßregeln scheint auch unsere Stelle hinzudeuten.

Wir werden also mit dieser Schrift bis in das Jahr 360, vielleicht 361, hinabzugehen haben.

Unsere Untersuchung hat uns zu folgenden, allerdings keineswegs überall gesicherten Resultaten geführt:

---

1) p. 310, 26 (261, 11).

2) p. 306, 11 (258, 1): item post paullulum quam nunc adstruxeras apud Antiochenos contra Adoxium faciens fuisse blasphemiam, ipsam iterum nunc firmas catholicam; unde et Adoxium Constantinopoli esse censueris, quod enim ipsum probaveris catholicum.

3) Soz. IV, 26. Chron. Pasch. ad ann. 360. Vgl. Papebroch hist. patriarch. cpolit. in den acta sanctorum August. I.

4) p. 300, 6 (252, 3).

5) Sievers a. a. O. 153.

6) Vgl. auch Soz. IV, 10, der die Vorgänge etwas ausführlicher schildert. Sozomenos hat die vita acephala mehrfach benutzt, was Jeep a. a. O. p. 144 in seiner Untersuchung über die Quellen des Sozomenos übersehen hat. Die vita ist an folgenden Stellen benutzt: IV, 9. 10. V, 7. VI, 5. 12. 15. Vgl. Sievers p. 151/152. 152/153. 154. 158. 158/159. 160.

1) de non conveniendo cum haereticis, [1] de regibus apostaticis, de Athanasio I. II sind vor Herbst 358 abgefasst; die letztgenannten Bücher in den Monaten nach August 358. [2]

2) de non parcendo in deum delinquentibus[3] ist nach dem Juni 359 geschrieben.

3) moriendum esse pro dei filio ist frühestens 360, vielleicht erst 361 abgefasst. [4]

---

[1] Mit den Coleti gegen Möller.
[2] Gegen alle bisherigen Untersuchungen.
[3] Möller als erste Schrift; die Coleti 360; Gallandi 361. Baronius nach dem Concil von Constantinopel 360.
[4] Einstimmig. Die Coleti entscheiden sich für den Anfang 361.

II.

Zum Kanon Lucifers.

In 'jüngster Zeit hat die Entdeckung eines Verzeichnisses der Schriften des alten und neuen Testaments in einer Handschrift der Phillips'schen Bibliothek zu Cheltenham, welche den liber generationis des Hippolytus enthält, viel Aufsehen gemacht. Da Mommsen, der den Fund veröffentlichte,[1] das Verzeichnis, einer Notiz der Handschrift folgend, auf das Jahr 359 datierte, so war es interessant, eine Vergleichung des Inhaltes des Verzeichnisses mit dem Kanon zu versuchen, wie er uns in den Schriften Lucifers, die wir etwa in die gleiche Zeit versetzen dürfen, entgegentritt. Diesen Versuch hat Harnack unternommen.[2] Allein einmal ist die Verwandtschaft zwischen dem Verzeichnis und dem Kanon Lucifers, die er nachzuweisen versucht hat, doch nicht durchschlagend; dann aber erscheint es nicht angezeigt, diese Untersuchung fortzusetzen, so lange die Akten über Abfassungszeit und Provenienz des neu entdeckten Verzeichnisses nicht geschlossen sind. Das aber ist bisher keineswegs der Fall: vielmehr unterliegt die Datierung des Verzeichnisses auf das Jahr 359 einer Reihe von gewichtigen Bedenken, und es ist keineswegs sicher, ob dasselbe von Interpolationen frei und nicht mehrfach redigiert ist.[3]

---

1) Mommsen, Th., Zur lateinischen Stichometrie (Hermes, XXI, Bd. I. p. 142—156.

2) Theol. Lit. Ztg. 1886, col. 172 ff.

3) Der Bestand des neutestamentlichen Kanons, der im Verzeichnis vorliegt, ist zudem nicht sicher zu ermitteln. Ob Judas- und Jacobusbrief darin aufgeführt waren, unterliegt Zweifeln, wenn schon Harnack mit gewichtigen Gründen dafür eingetreten ist, dass an Stelle des una sola, welches man je hinter den Briefen des Johannes und Petrus eingeführt findet und in welchem Zahn und Andere einen Protest gegen die im Vorhergehenden bezeugte Mehrzahl von Briefen dieser Apostel sehen, Judas und Jacobus zu suchen seien.

Es erscheint indessen nicht überflüssig, den Bestand des Kanons bei Lucifer festzustellen, da derselbe infolge der vielen Citate aus den heiligen Schriften, die sich in seinen Traktaten verstreut finden, mit einiger Sicherheit zu ermitteln ist, wenn es auch gewagt erscheinen muss, aus dem Fehlen dieser oder jener Schrift weitgehende Schlüsse ziehen zu wollen.

Lucifer citiert aus dem alten Testament die folgenden Bücher: Genesis, Exodus, Leviticus, Numeri, Deuteronomium, Josua, Judices, Regum I—IV, Paralip. (I) u. II[1]) (Esra) und Nehemia,[2]) Tobias, Judith, Hiob, Psalmi, Proverbia, Ecclesiastes, Sapientia Salomonis, Prophetae minores, Jesaias, Jeremias, Ezechiel, Daniel, Machab. I. II.

Diese Zusammenstellung bietet zu Bemerkungen kaum einen Anlass. Dass das Hohelied und Ruth nicht citiert sind, fällt nicht auf; auch das Fehlen von Sirach und Esther kann auf Zufall beruhen; der Umfang des alten Testamentes Lucifers hat sich von den gleichzeitigen Sammlungen, so weit sie uns aus den Schriften der Väter oder den Aufstellungen der Concilien bekannt sind, nicht wesentlich unterschieden.[3])

In welcher Reihenfolge die Schriften des alten Testamentes in Lucifers Bibel standen, ist von ihm selbst, wenn auch nicht für alle, angedeutet worden, wie Harnack bereits nachgewiesen hat. Man findet nämlich, dass er das ganze erste Buch de Athanasio hindurch in der ihm durch sein Exemplar an die Hand gegebenen Reihenfolge seine Schriftcitate vorführt. Leider aber hat er in diesem Buche nicht aus allen Schriften citiert, die ihm, wie aus anderen Stellen hervorgeht, bekannt waren, so dass man zu einem vollständig befriedigenden Resultat nicht zu kommen vermag.

Die Schriften sind citiert in dieser Reihenfolge: Genesis, Exodus, Leviticus, Deuteronomium, Reges, Paralipomena, Psalmi 9—61, Proverbia, [Psalmi 77—118, Sapientia Salomonis, Psalmi 131—145, Ecclesiastes, Prophetae XII min. (Tobit. eingesprengt), Jesaias, (Hiob eingesprengt), Jeremias. Von hier ab beginnt das zweite Buch, in welchem Lucifer seine Citiermethode geändert hat.

---

1) Die Chronik wird einmal (non conv. p. 10. 30) als subrelicta angeführt.

2) Da es non parc. p. 239, 17 heißt, in secundo libro Esdrae, so ist damit indirekt auch das erste Buch, also unser kanonisches Esrabuch, citiert.

3) Das Mommsen'sche Verzeichnis hat Esra und Nehemia nicht, steht aber damit völlig allein, so dass der Ausfall vielleicht auf einer Flüchtigkeit des Abschreibers beruht. Das Verzeichnis kennt sowohl Sapientia Salomonis als Sirach, wie die bei den salomonischen Schriften angegebene Stichenzahl erweist.

In dieser Reihenfolge fällt auf, dass die Psalmen an zwei Stellen durch salomonische Schriften gesprengt sind und dass ihnen eine dritte salomonische Schrift nachfolgt. Die Anzahl der Citate aus diesen Schriften schließt die Annahme aus, dieselben möchten, wie das Citat aus Tobit oder Hiob, etwa eingestreut sein. Es fällt nun auf, dass die Durchbrechung der Psalmenreihe durch Proverbia und Sapientia wahrscheinlich an den beiden einzigen Stellen erfolgt ist, wo sich in unserem Kanon salomonische Psalmen finden: denn nur die Psalmen 72 und 127 werden als salomonisch bezeichnet. Die Citate aus den Psalmen reichen aber zunächst bis 61, um mit 77, dann bis 118, um mit 131 wieder einzusetzen. Der Schluss liegt daher außerordentlich nahe, dass gerade bei den Psalmen 72 und 127 die Insertion der salomonischen Schriften stattgefunden hat. Für diese auffallende Thatsache giebt es, so weit mir bekannt ist, kein Analogon, also auch keine Erklärung. Man hat die Wahl zwischen zwei Vermutungen: entweder Lucifer ist auf eigene Hand, als er an die salomonischen Psalmen kam, auf jene salomonischen Schriften übergesprungen; oder aber — und dies ist weitaus wahrscheinlicher — seine Handschrift hat thatsächlich die betreffenden Schriften in die Psalmen eingefügt enthalten.

Einen Unterschied zwischen kanonischen und apokryphen Büchern kennt Lucifer noch nicht.

Aus dem neuen Testament finden sich bei Lucifer citiert die folgenden Bücher: Matthaeus, Lucas, Johannes, Acta, Römer, Corinther I. II., Galater, Epheser, Colosser, Philipper, Thessalonicher I. II., Timotheus I. II., Titus, Hebräer, 1. Petrus, Johannes I. II., Judas. Es fehlen somit Marcus, Philemon, 3. Johannes, 2. Petrus, Jacobus, Apokalypse. Da wir es hier mit dem Kanon eines Abendländers zu thun haben, so giebt uns diese Zusammenstellung in mehr als einer Beziehung ein Rätsel auf. Dass Marcus und Philemon fehlen, darf nicht befremden. Lucifer hat beide selbstverständlich in seiner Bibel gehabt; aus Philemon zu citieren, hatte er wohl kaum Gelegenheit; seine Evangeliencitate hat er den anderen Evangelien entnommen. Dagegen sind wir wohl zu der Annahme gezwungen, dass ihm 3. Johannes, 2. Petrus,[1] Jacobus und die Apokalypse nicht als kanonisch galten.

Was zunächst das Verhalten zu den katholischen Briefen betrifft, so zeigt sich, wie die Dinge liegen, dass Lucifer aus dem Jacobus-, 3. Johannes- und 2. Petrusbrief thatsächlich geflissentlich keine Citate aufgenommen hat. Denn Citate aus dem 1. und 2. Johannesbrief, sowie aus dem Judasbrief sind so häufig, dass eine zu-

---

1) In Athan. II. p. 117, 11. 19 ist das Citat nicht auf 2. Petr. 2, 22 zu beziehen. Es sind im Zusammenhang immer Citate aus den Proverbien herangezogen, und auch an dieser Stelle ist prov. 26, 11 (die Vorlage von 2. Petr. 2, 22) gemeint.

fällige Auslassung der genannten undenkbar erscheint.[1] Hier zeigt
uns also Lucifer einen älteren Stand der Kanonbildung, der im Abendlande ähnlich durch die Schriften älterer Väter repräsentiert ist. Auch
Tert ilian erkennt den Judasbrief ausdrücklich als apostolische Schrift
an,[2] während er vom 3. Johannes- und Jacobusbriefen sicherlich
nichts gewusst hat: er kannte sie nicht einmal im Anhang seines
neuen Testamentes. Den 1. Petrusbrief citiert er in Schriften, deren
Echtheit freilich der Kritik unterliegt;[3] den 2. Johannesbrief hat er
nur gelegentlich benutzt. Ähnlich weiß auch Cyprian nichts vom
3. Johannes- und Jacobusbrief. Bei ihm freilich finden wir auch keine
Anklänge an den von Lucifer zur größeren Hälfte citierten Judasbrief,[4] und wäre nicht aus der Zeit und Umgebung Cyprians ein
anderes Zeugnis für den 2. Johannesbrief bekannt,[5] so würden wir
auch nach ihm vergeblich suchen. Irenäus scheint weder den Judas-
noch den Jacobus-, 2. Petrus- oder 3. Johannesbrief gekannt zu haben,
was dem Verhalten Lucifers genau entsprechen würde. Wir besitzen
leider keine Zeugnisse aus der abendländischen Kirche, welche es uns
ermöglichen, zu kontrollieren, ob der Fortschritt in dem Verhalten zu
den katholischen Briefen überall so geringer gewesen ist wie bei
Lucifer, da uns die Schriften des Arnobius, Lactantius und Com-
modus nicht genügendes Material zur Vergleichung bieten. Jedenfalls
zeigt uns Lucifer, dass über die Briefe noch keineswegs eine Einig-
keit erzielt war.[6]

---

1) Aus dem 1. Petrusbrief findet sich nur ein Citat; er war ihm
also auch wohl nicht sehr geläufig.

2) de hab. mulier. 3; übrigens die einzige Stelle, wo er des
Briefes gedenkt.

3) Adv. Judaeos und adv. Gnosticos (Scorpiace). Die letztere
Schrift betreffend vgl. oben p. 27, Note 2; über beide Credner, Geschichte etc. (herausgegeben von Volkmar) p. 372.

4) Derselbe ist für die abendländische Kirche außer durch Tertullian nur noch durch eine Stelle des Tractatus adv. Novat. Haeret.
p. XVII ed. Baluz. bezeugt. Vgl. Westcott, history of the canon
p. 374, n. 3.

5) Auf dem Concil zu Karthago 256 citiert der Bischof Aurelius
den Brief. Vgl. Routh, Rell. Sacr. III, p. 130; Westcott, a. a. O.
p. 366, n. 3 und p. 374.

6) Das Mommsen'sche Verzeichnis zeigt in Bezug auf die katho-
lischen Briefe mit Lucifers Kanon geringe Ähnlichkeit. Bei Harnacks
Lesung (vgl. Note 3) würde es einen Kanon mit allen 7 katholischen
Briefen repräsentieren; andernfalls ganz den Standpunkt der Zeit des
Cyprian wiedergeben. Im ersteren Falle erscheint übrigens die An-
setzung auf 359 fast noch zu früh, während im zweiten die Möglich-
keit nicht ausgeschlossen bleibt, dass wenigstens das neutestamentliche
Verzeichnis auf bedeutend frühere Zeit zurückweist.

Viel größere Schwierigkeit macht die Erklärung einer anderen Eigentümlichkeit in Lucifers Kanon, dass nämlich der Hebräerbrief darin Aufnahme gefunden hat, während die Apokalypse fehlt. Dieses Faktum widerspricht allem, was wir sonst aus der Geschichte des Kanons im Abendlande über diese Bücher wissen. Es ist, was den Hebräerbrief betrifft, bekannt, dass derselbe von Hilarius von Poitiers (de trin. IV, 11) von keinem Schriftsteller des Abendlandes als paulinisch citiert wird; und, mit Ausnahme einiger indessen ganz unsicherer Andeutungen bei Lactantius,[1]) scheint dieser Brief überhaupt von keinem Abendländer citiert worden zu sein. Lucifer indessen citiert ihn nicht nur, sondern führt ihn mit den Worten: beatus Paulus dicit ad Hebraeos ausdrücklich als paulinisch ein. Dass er ihn nur einmal citiert, kann daran nichts ändern, zumal das betreffende Citat sehr umfangreich ist (Hebr. 3, 5—4, 10).

Genau das umgekehrte Verhältnis findet bezüglich der Apokalypse statt. Dieselbe hat in der abendländischen Kirche immer als ein apostolisches Buch gegolten.[2]) Tertullian äußert niemals Zweifel an ihrer Authenticität; Cyprian benutzt sie mehrfach als kanonisches Buch, ohne sie direkt dem Apostel zuzuschreiben. Commodian und Lactantius citieren aus ihr. Dennoch finden wir bei Lucifer keine Spur von ihr. Das ist um so auffallender, als Lucifer, dem das Bild des Antichrist für den Kaiser so geläufig ist, die Gelegenheit mit Freuden hätte ergreifen müssen, aus der Apokalypse Beweise dafür heranzuziehen. Bei der souveränen Art seiner Schriftbenutzung wäre ihm das sicher nicht schwer gefallen. Dass er dazu nirgend Miene macht, beweist zur Genüge, dass er das Buch absichtlich ignoriert haben muss. Dazu hatte er als Abendländer indessen keinerlei Veranlassung, so wenig wie umgekehrt die Tradition es nahe legte, ein Citat aus dem Hebräerbriefe aufzunehmen.

Um diesen eigentümlichen Thatbestand zu erklären, liegt es nahe, darauf hinzuweisen, dass der Abendländer Lucifer mehrere Jahre im Orient als Verbannter zugebracht hat. Er würde dann unter orientalischem Einflusse die ihm von den Vorfahren überkommene Ansicht betreffs der in Rede stehenden Bücher geändert haben.[3]) Freilich kann man sich keine rechte Vorstellung davon machen. Nahm Lucifer seine Bibel mit ins Exil, und das muss er gethan haben, so gehörte doch schon ein sehr starker Druck dazu, ihn zu bewegen, an dem Bestand dieser Bibel zu rütteln, zumal sie ein Buch enthielt, welches so ganz für seine Zwecke passte. Die oben angedeutete Erklärung

---

1) Lact. inst. IV 14 init. Vgl. mit Hebr. 3, 3—6; 5, 5. 6; 7, 21. Siehe dazu Westcott a. a. O. p. 373, n. 2.

2) Credner a. a. O. p. 267.

3) Vgl. Harnack a. a. O. col. 175. 170.

ist nichts desto weniger die einzig mögliche, denn im Abendlande
lässt sich zu jener singulären Thatsache keinerlei Parallele finden.[1)]

Über die Reihenfolge der neutestamentlichen Schriften vermag
ich aus den Citaten nichts Sicheres zu entnehmen, da Lucifer die im
ersten Buche de Athanasio angewandte Methode zu citieren an keiner
Stelle für die neutestamentlichen Bücher befolgt.

1) Der Unterschied, der zwischen dem Mommsen'schen Verzeichnis und dem Kanon Lucifers auch in dieser Frage besteht, indem
jenes der gemeinen abendländischen Tradition folgt, wird übrigens
hierdurch schwerlich abgeschwächt.

III.

Lucifer in der Tradition der römischen Kirche.

Auf der Insel Sardinien hat man dem Lucifer von jeher als Heiligen große Verehrung erwiesen.[1] Es schien aber immerhin zweifelhaft, ob ihm mit Recht dieses Prädikat zukomme, da doch der Verdacht auf ihm lastete, dass er außerhalb der Kirche gestanden hätte. Um so größere Sensation erregte es, als man im Jahre 1623 auf einen Grabstein mit einer sich auf Lucifer beziehenden Inschrift stieß und kurz darauf der Leichnam Lucifers selbst zu Tage gefördert wurde. Man muss bei Papebroch nachlesen, um einen Eindruck davon zu haben, zu welcher Staatsaktion dieser Vorgang aufgebauscht wurde. In Anwesenheit des Statthalters, der Konsuln, des Vikars des Erzbischofs und der Geistlichkeit wurde der Leichnam ausdrücklich als der des Lucifer recognosciert und schließlich in der Kathedralkirche beigesetzt.[2]

Der Grabstein trug folgende Inschrift:

HIC IACET B. M. LUCIFERUS
ARCEPIS CALARITANUS
PRIMARIUS SARDINIE ET CORSICE
CA. FI, S. RME ECCLESIAE
QUI UIXIT ANNIS LXXXI. K. DIE XX MAI.[3]

---

1) Papebroch acta sanctorum 20. Mai V, p. 38: cultum antiquum probant plures in Sardinia ecclesiae sub eius nomine. Das sonderbare Versehen von Tschackert, Evangelische Polemik, p. 147, welcher glaubt, S. Lucifer sei eigentlich der heilige Satan, wohl eine Art christlicher Pluto (vgl. auch ebenda p. 414 Anm. 85a), ist bereits von anderer Seite beleuchtet worden.

2) Vgl. Papebroch 39—50. Die anwesenden Personen werden, eine lange Liste, namentlich aufgeführt.

3) Man fand noch einen anderen Stein mit einer kürzeren Inschrift:

Zur rechten Seite ein etwas kompliciertes Symbol, Palmenzweige, ein Patriarchenkreuz und anderes vereinigt; darunter ein zweiköpfiger Adler: uti nunc aquilae imperiales exprimuntur, (Papebroch) und zur Linken das Monogramm Christi.

Obwohl nun schon das Patriarchenkreuz, der zweiköpfige Adler, das archiepiscopus und primarius der Inschrift diesen ganzen Stein als spätes Machwerk erweisen, so knüpfte sich daran doch ein lebhafter Streit. Der Erzbischof Ambrosius Machinus von Calaris[1]) hat an den Papst Urban VIII. eine umfangreiche Schrift geschrieben, in welcher er die Heiligkeit Lucifers zu erweisen suchte. Ihm ward von Vielen beigepflichtet. Andere opponierten um so lebhafter, so in späteren Jahren besonders Natalis Alexander.[2])

Weder die Verteidigungsschriften noch die am Sarge geschehenen Wunder — so fiel nach langer Trockenheit auf das Gebet am Sarge hin viel erquickender Regen — vermochten Urban VIII. zu einem endgültigen Urteil zu bestimmen. Am 19. Juni 1641 erließ er das von Innocenz X. am 16. Oktober 1647 bestätigte Dekret: ne in posterum, donec a Sanctitate sua vel sancta Sede fuerit aliter ordinatum, audeant super Luciferi sanctitate, cultu ac veneratione publice tractare disputare aut altercari, illamque neque scripto neque typis impugnare aut defendere.[3])

Das endgültige Urteil des römischen Stuhles aber ist, wie in so vielen, so auch in dieser Sache, bis zum heutigen Tage noch nicht erfolgt.

von dem Papebroch meint, er habe dreieckige Gestalt, um dadurch Lucifers Eifer für die Trinität anzudeuten (vgl. Matthaei a. a. O. 77).

1) defensio sanctitatis B. Luciferi ad Urbanum VIII. papam, edit. Cal. 1639. Vgl. Fabricius-Harless IX, p. 302. Eine genaue Aufzählung aller Verteidiger und Angreifer der Heiligkeit Lucifers findet man bei den Coleti proleg.

2) Hist. Eccl. saec. IV, cp. 3, art. 13.

3) Dazu bemerkt Matthaei a. a. O.: ego singula haec neque probo neque respuo, sed historica tantum narratione veluti ab aliis recitata respuo. Fateor enim me summa prosequi veneratione decretum, quo Urbanus VIII. an. 1641 die 20. Junii praecepit etc. Und die gleiche Haltung beobachten die Coleti.

IV.

Über den Verfasser der Taufrede bei Caspari, Quellen etc. II, p. 128—182.

In dem zweiten Bande seiner »Quellen zur Geschichte des Tauf-symbols« hat Caspari nach zwei Wiener Handschriften[1] ein altkirch-liches Taufbekenntnis und eine sich daran anschließende Rede zum Abdruck gebracht und mit Erläuterungen versehen. Diese letz-teren haben den Zweck, Zeit und Ort der Abfassung dieser Rede, welche in einer Handschrift[2] als exhortatio sancti Ambrosii episcopi ad neophytos de symbolo bezeichnet ist, und ihren Verfasser zu er-mitteln. In einer äußerst gründlichen und detaillirten Untersuchung hat Caspari zunächst erwiesen, dass die Rede in den Jahren zwischen 340—360 (370) gehalten sein muss. Die wichtigsten von den für dieses Resultat angeführten Gründen sind die folgenden[3]:

1. Die Rede kann nicht vor 340 gehalten sein: denn ihre hef-tige Polemik gegen den Arianismus setzt voraus, dass derselbe in der Kirche bereits eine Macht war.

2. Sie kann nicht nach 600 abgehalten sein: denn a) weisen die in der Rede vorkommenden Bibelcitate auf einen älteren Text hin als ihn die vulgata bietet; diese aber war nach 600 im Occident im all-gemeinen Gebrauch; b) setzt die Polemik gegen den Arianismus vor-aus, dass derselbe noch eine Macht in der Kirche gewesen sein muss, was nach 600 nicht mehr der Fall war.

3. Sie gehört dem 4. oder 5. Jahrhundert an: denn der Wortlaut des in ihr tradierten Symbols ist mit dem altrömischen und den occi-

---

1) cod. vindob. 664 und 305, bei Caspari als A und B bezeichnet.
2) cod. vindob. 664 fol. 223, p. 2.
3) Vgl. Caspari a. a. O. p. 151—169. Die Beweisführung ist eine besonders durch ihre Vorsichtigkeit völlig überzeugende. Außer den im Text gegebenen Argumenten sind noch eine Reihe von weniger wichtigen, aber als Mittelglieder der Beweisführung zu verwendenden aufgeführt.

dentalischen Symbolen, die wir kennen, wesentlich identisch, von dem späteren römischen aber ganz verschieden.

4. Sie gehört dem 4. Jahrhundert an: denn a) zeigt die Art und Weise der Polemik gegen den Arianismus, dass derselbe geistig noch nicht besiegt war; b) geschieht keinerlei Erwähnung des arianischen und macedonianischen Irrtums betreffs des heiligen Geistes, ein Umstand, der auf die Zeit vor 360 (oder doch 370) hinweist.

Auf den folgenden Seiten wird die Ansicht entwickelt und bewiesen, dass das in der Rede ausgelegte Symbol einer altitalischen oder doch einer Italien benachbarten Kirche angehört haben muss; und zuletzt die Behauptung aufgestellt und durch einige Argumente gestützt, dass der Verfasser der Rede vielleicht der Bischof Lucifer von Calaris, das Symbol demzufolge das der sardinischen Kirche gewesen sein möchte. [1]

Können wir uns nun in der Voraussetzung, dass das in der Rede tradierte Symbol einer altitalischen oder doch einer Italien benachbarten Kirche angehört haben muss, [2] mit Überzeugung anschließen, so scheint uns die Autorschaft des Lucifer in keiner Weise evident gemacht zu sein.

Die beiden Argumente, welche Caspari für dieselbe vorbringt, lauten: 1) Lucifer war ein sehr heftiger Mann und besonders eifriger Polemiker gegen den Arianismus. Unsere Rede zeichnet sich gleichfalls durch große Heftigkeit aus, und zwar so, dass sie an einer Stelle sogar eine Verwünschung der Arianer ausspricht. 2) Die Rede enthält zweimal die ungewöhnlichen Composita coomnipotens und coopifex. Der häufige Gebrauch der Composita mit cum (con com co) ist aber für Lucifer charakteristisch.

Diese Argumente scheinen zunächst in keiner Weise schwerwiegend, was Caspari selbst bereitwillig zugiebt; [3] aber ihr Gewicht wird verstärkt durch die Art und Weise, wie Caspari zu ihnen gekommen ist. Die Vermutung, dass Lucifer der Verfasser der Rede sei, hat sich ihm nämlich auf dem Wege des apagogischen Beweises ergeben, und jene Gründe sind erst a posteriori zur Verstärkung der bereits eingenommenen Position hinzugefügt worden. Caspari hat nämlich erwogen, welche Männer für die Verfasserschaft überhaupt in Betracht kommen können, und der Reihe nach dargethan, dass weder Ambrosius von Mailand, noch Zeno von Verona, Phöbadius von Aginnum, Hilarius von Poitiers, Gregorius von Elvira, der Presbyter Fau-

---

1) Vgl. p. 169—174. 175—182.
2) Vgl. den Abdruck bei Hahn, Bibliothek der Symbole § 43 mit dem altrömischen Symbol § 14—19 und den Symbolen von Mailand (§ 20. 21), Turin (§ 22) und Ravenna (§ 23).
3) p. 182.

stinus und der Diakon Hilarius — beide Luciferianer — noch endlich
Eusebius von Vercellae die Rede verfasst haben können. Da andere
Namen nach seiner Ansicht nicht in Betracht kommen können, so
bleibt nur Lucifer von Calaris auf der Liste stehen. Unter Voraussetzung der Richtigkeit der von Caspari ermittelten Abfassungszeit
der Rede (340 bis spätestens 370) scheint seine Liste allerdings vollständig zu sein.[1] Auch dürften die gegen die Autorschaft der meisten
angeführten Schriftsteller gerichteten Einwürfe stichhaltig sein: warum
wir uns ihnen bezüglich Eusebius von Vercelle nicht anschließen
können, wird die folgende Untersuchung zeigen.

Das erste seiner Argumente für Lucifer hat Caspari selbst schon
durch seine Schlussbemerkungen einigermaßen illusorisch gemacht. Er
selbst sagt, dass »Heftigkeit in der Polemik gegen die Ketzer und besonders gegen die Arianer im vierten Jahrhundert sehr allgemein« war,
und weiterhin, dass die Rede mit der schriftstellerischen Art des Lucifer außer den unter 2) angeführten auffallenden Compositis keinerlei
Verwandtschaft zeige. Im Gegenteil, die Polemik Lucifers ist in allen
seinen Schriften eine durchaus anders geartete. Selbst in seinen
schärfsten Ausdrücken hält sich der Autor unserer Rede doch auf der
Höhe, wie sie einem praeclarus homileta[2] zukommt. Inhalt und Form
der Rede, besonders die stilistische Gewandtheit, die durch einige
dunkle Perioden, welche wohl auch unter der Verderbtheit des Textes
haben leiden müssen, nicht beeinträchtigt wird, weisen auf einen gebildeten Mann hin, während Lucifers Polemik nicht nur, sondern auch
seine gelegentlichen positiven Ausführungen beweisen, dass er fast
ohne jede sei es theologische, sei es formale Bildung war.

Man könnte in seinen Schriften keine Stelle aufweisen, welche
das Urteil, dass er der Verfasser der uns vorliegenden Rede sein
möchte, als gerechtfertigt erscheinen ließe.[3] Sein theologisches Unter-

---

1) Übrigens spricht diese Abfassungszeit auch bereits gegen einige
der im Text genannten Männer, so gegen Faustinus und Hilarius, aber
auch gegen Ambrosius, der den macedonischen Irrtum nicht ignoriert
haben würde (vgl. Caspari p. 178). Es versteht sich, dass die ab-
strakte Möglichkeit vorhanden ist, die Rede möchte von einem
uns gänzlich unbekannten Manne gehalten sein, welche Möglichkeit man indessen erst erwägen darf, wenn alle anderen abgewiesen
sind. Ich erwähne noch, dass auch Maximus von Turin nicht in Betracht kommen kann, weil die Abfassungszeit und die Beschaffenheit
des Symbols gegen ihn sprechen. Wegen der folgenden Untersuchung
war er dennoch hier zu nennen.

2) Als solchen hat ihn schon Denis (vgl. Caspari p. 130) bezeichnet.

3) Vgl. die Ausführungen in dieser Schrift p. 24 ff. Auch die
einigermaßen verschiedene Haltung des Buches moriendum kann an
diesem Urteil nichts ändern.

scheidungsvermögen aber war ein so geringes, dass er schwerlich eine richtige und von historischer Einsicht zeugende prägnante Gegenüberstellung der Lehren des Sabellius und Arius hätte geben können. Der Verfasser unserer Rede aber hat das in einer rhetorisch vortrefflichen Form gethan, wenn seine Gedanken auch an sich den Kreis der landläufigen Vorwürfe nicht überschreiten.[1] Strikte Vergleiche lassen sich natürlich nicht anstellen, da Lucifers Schriften sämtlich gegen den Kaiser gerichtete Pamphlete sind, uns eine authentische Rede oder Homilie von ihm aber nicht aufbewahrt ist. Aber schon der Umstand, dass er die wenigen Gedanken, welche er in seinen ziemlich umfangreichen Schriften überhaupt entwickelt, mit langweilender Unermüdlichkeit wiederholt, zwingt uns zu der Annahme, dass auch in unserer Rede irgend welche Hindeutungen auf diese seine immer gleichen Ausführungen sich finden müssten. Dass dies nirgends der Fall ist, beweist die Lektüre der Schriften und unserer Rede.

Wenn nun Caspari aus dem Vorkommen coomnipotens und coopifex auf eine Stilverwandtschaft der Rede mit den Schriften Lucifers schließen zu können meint, so ist auch dieser Versuch als hinfällig zu betrachten. Zunächst ist zu bemerken, dass sich gerade die erwähnten Composita, die mir übrigens auch bei anderen Autoren dieser Zeit nicht begegnet sind, bei Lucifer nicht finden. Sie müssen also bis auf Weiteres als spezifische Bildungen unseres Autors betrachtet werden, welche allerdings durch den Zusammenhang nahe gelegt sind. Dann aber möchte ich gerade daraus, dass nur diese Composita in der Rede vorkommen, keines aber von den dem Lucifer

---

1) Man vergleiche mit der Stelle bei Caspari p. 135 folgende Stelle bei Lucifer non. conv. p. 17, 30 (15, 25), zumal sie zugleich ein Beispiel für die niedrige Polemik Lucifers — die sich bei ihm allerdings direkt gegen den Kaiser richtet — im Gegensatz zu der des Autors unserer Rede giebt: sic est de corpore ecclesiae excisus Sabellius, ut est et condetestabilis tuus excisus Arrius iste, cuius sermo ut cancer in te fortissime adeo serpserit ut totus iam cancer esse cernaris (dieses hässliche Bild verwendet Lucifer sehr häufig; an die Hand gegeben ist es ihm durch 2. Tim. 2, 16, vgl. p. 28, 29 (25, 1)): nec poteris dicere te non Arrii cancerasse sermonem, cum fetor cancerationis tuae ad omnem pervenerit regni tui locum et ;cuncti te vitare statuerimus, ne et ipsi peste tua Arriana cancerarimur. Sic, inquam, sectus est atque projectus tuus magister Arrius, ut est sectus et rejectus Sabellius, qui fuerit ausus unam esse personam patrem et filium et spiritum sanctum defendere, quia fuerit ausus dicere ipsum sibi et patrem esse et filium et spiritum sanctum; excisus est, quia dicere non dubitarit, quod enim ipso pater in utero virginis incarnatus sit et fuerit passus. — Selbst in Gelegenheitsschreiben (vgl. den Brief an den Eusebius von Vercellae p. 319, 1) übt Lucifer eine unangenehme, in schwülstigen Bildungen sich ergehende Polemik.

eigentümlichen und mit einer einzigartigen[1]) Freiheit gebildeten, ein
Argument gegen die Verfasserschaft des Bischofs von Calaris entnehmen. Die unten gegebene Zusammenstellung solcher Composita,
welche übrigens auf Vollständigkeit begreiflicher Weise keinen Anspruch macht, wird die Behauptung begründen können, dass ein
Schriftsteller, der sich so oft der eigenartigsten Wortzusammen-
setzungen bediente, dieselben in einer längeren Rede schwerlich ganz
vermieden haben würde.[2])

Außer den angeführten hat weder Caspari Argumente für Lucifer angeführt, noch lassen sich solche meiner Ansicht nach bei-
bringen.[3]) Dagegen hat Caspari nicht beachtet, was doch sehr ins
Gewicht fällt, dass Lucifer in der letzten Zeit seines Lebens — und
erst da könnte er die Rede gehalten haben — nicht zur großen Kirche
gehörte, wenn wir auch seine Stellung nicht ganz klar zu erkennen
vermögen. Etwas von der verbitterten Stimmung, in der sich dieser
pedantische Rigorist nach dem Bruch mit seinen Freunden befand,
müsste doch auch in dieser Rede bemerklich sein. Wir werden daher berechtigt sein, ihm dieselbe abzusprechen, zumal wir im Folgenden den Versuch machen möchten, dieselbe für einen anderen Schriftsteller in Anspruch zu nehmen.

Unter den von Caspari als für die Verfasserschaft in Betracht
kommend bezeichneten Männern befindet sich, wie wir oben gesehen
haben, auch Eusebius von Vercellae. Caspari hat sich mit der
Möglichkeit, dass er die Rede gehalten haben möchte, kaum ausein-
andergesetzt, vielleicht weil er bereits für Lucifer eingenommen war,
und es wird daher gestattet sein, der Frage etwas näher zu treten.
Es lassen sich für den Eusebius doch einige Argumente anführen,
und vielleicht könnte es gelingen, seine Autorschaft so wahrscheinlich
zu machen, als es bei derartigen Untersuchungen überhaupt möglich

---

1) Daher auch Rönsch, Itala und Vulgata, in dem Abschnitt über
die Composita mit cum (p. 220/221. 223/224. 228) ihrer kaum gedenkt.

2) Eine vollständige Zusammenstellung aller bei Lucifer vorkommenden ungewöhnlichen Composita mit der Vorsilbe con findet man
jetzt [im Index bei Hartel a. a. O. p. 355. 356. Es finden sich Bildungen wie coerraticus, cohomicida, coimmundus, coidolatres, condetestabilis, conperfidus, conserpens, conspurcatus, conviperinus und viele
ähnliche. Eine Auswahl ähnlicher Composita aus dem Sprachschatze
des Tertullian siehe bei Hartel, Lucifer von Cagliari und sein Latein
a. a. O. p. 16.

3) An einer Stelle reproduciert Lucifer sein Taufsymbol in freier
Weise p. 19, 23 (17, 18): e contra videamus apostolos credidisse in
unum deum patrem omnipotentem verum patrem, propterea verum
patrem, quod vere, non putative habeat filium, et in unicum filium
eius Jesum Christum, hoc est in verum dei filium, et in sanctum para-
clitum spiritum, in verum dei spiritum.

ist. Vorausgeschickt werden muss dabei, dass auch uns der von Caspari geführte apagogische Beweis in der oben bereits angedeuteten Beschränkung gültig erscheint, und dass daher in gewissem Sinne auch unsere Argumente als a posteriori beigebracht erscheinen müssen.

Das einzige Argument, welches Caspari gegen den Eusebius beizubringen vermag, ist, dass die Beschaffenheit des in der Rede tradierten Symbols seiner Verfasserschaft widersprechen soll. Eusebius hat als Bischof von Vercellae, einer zur mailändischen Kirchenprovinz gehörigen Stadt das mailändische oder doch das altrömische Symbol auslegen müssen, besonders da er in der römischen Kirche Lector gewesen war. Nun aber unterscheidet sich das vorliegende Symbol an einigen Stellen nicht unwesentlich von den genannten und auch von dem turinischen; es müsse deshalb das Symbol einer anderen Kirche als der von Vercellae sein.

Wir werden also zunächst unser Symbol im Vergleich mit den genannten einer näheren Untersuchung unterziehen müssen, möchten indessen vorher an Casparis Behauptung einige Bemerkungen anknüpfen.

Der Einwurf, dass der Bischof von Vercellae das Symbol seiner Metropolitankirche habe tradieren müssen, trifft den Lucifer ebenso, wie Caspari selbst gezeigt hat: Sardinien unterstand dem römischen Bischof.[1] Nun aber ist Caspari trotzdem für Lucifer eingetreten, und in seinem eigenen Sinne dürfte sich daher das Argument nicht ohne weiteres gegen Eusebius verwenden lassen. Wir finden aber in der Untersuchung, welche Caspari über zwei dem Faustus von Reji zuzuschreibende Homilien[2] angestellt hat, die Bemerkung, dass das Symbol der Kirche von Reji nicht notwendig mit dem der Kirche von Arles identisch gewesen zu sein brauche.[3] Reji aber lag in der Kirchenprovinz von Arles.[4] Ist aber dieser Fall dem unsrigen nicht völlig analog und zeigt sich nicht auch hier wieder ein Widerspruch mit Casparis eigenen Ausführungen betreffs des Eusebius? Es lässt sich vielleicht die auch sonst zu begründende Frage aufwerfen, ob man bei ganz geringfügigen Abweichungen einzelner, sonst nach Form und Inhalt identischer Symbole, welche aus Taufreden entnommen sind, nicht etwas mit der Möglichkeit freier Reproduktionen rechnen darf.[5]

---

1) Vgl. oben p. 11, Note 1.
2) Caspari a. a. O. p. 183—213.
3) p. 212.
4) p. 207.
5) Vgl. übrigens auch Caspari p. 174, Note 150, wo er selbst die Möglichkeit anerkennt, dass auch in unserer Rede das Symbol nicht wörtlich citiert sein möchte. Siehe auch p. 124, Note 2.

Dass auch in unserem Fall die Abweichungen nur unbedeutend sind, zeigt ein Vergleich des fraglichen Symbols mit dem mailändischen und turinischen. Das Symbol der Taufrede lautet: credimus[1] in deum patrem omnipotentem, saeculorum omnium et creaturarum regem et conditorem.[2] Et in Jesum Christum, filium eius unicum, dominum nostrum, qui natus est de spiritu sancto et ex Maria virgine; qui sub Pontio Pilato crucifixus et sepultus; tertia die resurrexit a mortuis; ascendit in coelos;[3] sedet ad dexteram dei patris; inde venturus est iudicare vivos et mortuos. Et in spiritum sanctum; et sanctam ecclesiam catholicam, remissionem peccatorum, carnis resurrectionem. Die gesperrt gedruckten Worte finden sich in keinem anderen abendländischen Symbol.[4] Außerdem unterscheidet es sich 1. von dem mailändischen Symbol, und zwar a) in der bei Ambrosius aufbehaltenen Form[5] in Folgendem: symb. mediol. hat sub Pontio Pilato passus est, tertia die resurrexit a mortuis; ascendit in coelum; sedet ad dexteram patris; inde venturus iudicare etc., b) in der bei Augustinus aufbehaltenen Form[6] in Folgendem: symb. mediol. hat passus est sub Pontio Pilato, crucifixus et sepultus adscendit in coelum; sedet ad dexteram patris. 2) Von dem turinischen Symbol[7] in Folgendem: symb. taur. hat: crucifius est et sepultus; ascendit in coelum; sedet ad dexteram patris.[8]

Hieraus ergiebt sich: 1. auch die drei aufgeführten Symbolrecensionen zeigen geringe Abweichungen von einander, während doch besonders die beiden mailändischen, aber auch das von Turin, als einer Stadt der Kirchenprovinz Mailand, nach Casparis Ansatz ganz mit einander stimmen sollten. Speziell die an letzter Stelle aufgeführten Abweichungen des turinischen Symbols von dem unsrigen sind so unbedeutender Natur, dass wir füglich von ihnen absehen können. 2. Was die oben als unserem Symbol eigenttümlich bezeichneten Wendungen

---

1) Das Symbol muss natürlich mit credo begonnen haben (Caspari p. 174, Note 150); doch finden wir z. B. credis an der gleichen Stelle bei Maximus von Turin tom. LXXXIII (Migne LVII, 453); credite bei Faustus von Reji tom. I de symbolo (Caspari p. 207, Note 100).

2) Vgl. übrigens das carthaginiensisch-afrikanische Symbol (Hahn a. a. O. § 30): universorum creatorem, regem saeculorum, immortalem et invisibilem.

3) cod. vindob. 305: ad coelos.

4) Vgl. Caspari p. 170 ff.

5) Caspari a. a. O. II, 30—58. Hahn § 20.

6) Hahn § 31.

7) Hahn § 22.

8) venturus est haben nach Caspari, Quellen III, p. 173 verschiedene Handschriften; andere nur venturus.

betrifft, so sind die beiden et, wie Caspari selbst schon bemerkt hat,
im hohen Grade verdächtig. Die Wendung dei patris ist ungewöhn-
lich, aber durch das Symbol der mozarabischen Liturgie und das von
Caspari II p. 122 mitgeteilte Symbol für diese Zeit wenigstens möglich gemacht. Es bleiben der Ausdruck catholicam und der Satz saeculorum omnium et creaturarum regem et conditorem. Der erstere
taucht wenigstens bald nachher in Symbolen auf,[1] und betreffs des
zweiten darf man daran erinnern, dass nach einer allerdings stark
legendenhaften Überlieferung Eusebius auf Sardinien geboren wurde,
dann nach Rom und später nach Vercellae kam.[2] Dass der Zusatz
gerade im sardinischen Taufbekenntnis sehr wohl denkbar ist, kann
bei den nahen Berührungen, die zwischen Afrika und Sardinien statt
hatten, nicht geleugnet werden. Er würde dann an unserer Stelle als
eine Reminiscenz aufzufassen sein. Andererseits war Eusebius, so-
lange er in Sardinien weilte, noch nicht Christ, und man müsste annehmen, dass er später in Beziehungen zu seinem Vaterlande gestanden hat. Jedenfalls kann dieser Zusatz nicht durchschlagend gegen
den Eusebius angeführt werden, zumal er gegen jeden der in Vorschlag zu bringenden Autoren gelten würde.

Zwei andere Einwürfe nun, die sich gegen den Eusebius erheben
ließen, hat Caspari selbst[3] bereits zurückgewiesen: 1. Hieron. catal. 96
nennt von Eusebius kein anderes Werk als die Übersetzung des Psal-
mencommentars des Eusebius von Caesarea[4]; aber eine kurze, bei
der traditio symboli gehaltene Rede ist keine eigentliche litterarische
Leistung und brauchte nicht erwähnt zu werden. 2. Wir besitzen von
Eusebius nur drei Briefe,[5] darunter nur einen von einigermaßen
größerem Umfang: aber, wenn wir von hier aus schwerlich Beweise

---

1) Vgl. auch unten p. 129, Note 1.

2) Vgl. Ughelli, Italia sacra IV 750: hic itaque beatissimus vir
(scil. Eusebius) post obitum beatissimi patris cum gloriosa matre iter
quod coeperant deo comite peregerunt, nobili quidem ortus ex pro-
genie Sardorum, Romam petiit ibique nobilior secunda regeneratione
fide factus a beato papa Eusebio et piissimo suo nomine vocatus est
Eusebius. Vgl. auch den Artikel Eusebius in Herzog R. E. IV. Übrigens siehe p. 126 Note 1 Ende.

3) a. a. O. p. 180.

4) edidit in Psalmos commentarios Eusebii Caesariensis, quos de
graeco in latinum verterat.

5) a) Brief an Kaiser Constantius, abgedruckt bei Mansi III 237;
Migne XII 947.

b) Brief ad presbyteros et plebem Italiae aus der Gefangenschaft.
Gallandi V 79. Migne XII 947 ff.

c) Brief an Gregorius von Elvira. Gallandi V 80. Migne XI 713 f.
(Hilar. Pict. opera II. fragm. histor. XI).

für schriftstellerische Verwandtschaft zwischen Briefen und Rede gewinnen können, so doch auch nicht das Gegenteil.

Da somit nichts gegen die Autorschaft des Eusebius zu sprechen
scheint, so liegt es uns ob, unsere positiven Argumente für dieselbe
zu entwickeln.

Wir wissen, dass die ganze oberitalische Kirche den Eusebius
als confessor in hohem Ansehen hielt, und es kann daher nicht Wunder
nehmen, dass wir in den Werken des Bischofs Maximus von Turin
auf zwei Homilien[1]) stoßen, die derselbe zum Gedächtnis des Eusebius
gehalten hat. Auffallen aber muss es, dass eine derselben, die 77ste,
nach Inhalt und Form auf das Lebhafteste an unsere Taufrede erinnert. Während die andere, die 78ste, gleichfalls zu Ehren des Eusebius gehalten, die Verdienste des Mannes preist, dabei aber zugleich
sich eingehend mit seinen Schicksalen beschäftigt,[2]) überhaupt inhaltlich gerade das bietet, was man von einer Gedächtnisrede[3]) erwarten
sollte, geht die erste Homilie nach einer Einleitung, in welcher das
Verdienst des Eusebius um den rechten Glauben in hochgegriffenen
und überschwänglichen Worten gefeiert wird, zu einer Widerlegung
des Arius und Sabellius über, was zwar an dieser Stelle nicht un-
passend, aber auch nicht das Nächstliegende war. Bei dem ganzen
Gange dieser Widerlegung und der sich daran schließenden Bemerkungen wird man fortwährend an unsere Taufrede erinnert. Die Homilie
ereifert sich in ganz gleicher Weise gegen die Häretiker, benutzt
stellenweise dieselben Wendungen. Selbst einige Ausdrücke erinnern
an unsere Rede, wobei man natürlich den Vergleich nicht pressen
darf, da ja auf jeden Fall zwei individuell verschiedene Männer zu

---

1) Gennad. catal. 41 erwähnt zwei Homilien zu Ehren des Eusebius; bei Migne LVII col. 415 ff. und 417 ff. abgedruckt als hom. 77. 78.
Außerdem werden dem Maximus noch mehrere sermones über den
Eusebius zugeschrieben (vgl. sermo 81 und die vier bereits in der
Ausgabe des Brunus in den Anhang verwiesenen und als sermo 20—
23 [bei Migne LVII 885 ff.] bezeichneten). Diese Sermone sind sämtlich — auch sermo 81 vermag ich nicht für echt zu halten — unecht
und Glieder in der Eusebiuslegende, die sich auf Grund einerseits des
auf p. 125, Note 5 erwähnten Briefes des Eusebius über seine Schicksale im Exil, andererseits des hohen Ansehens, welches er in Oberitalien genoss, entwickelt hat und deren letzter (?) Niederschlag in
der vita Eusebii bei Ughelli, Italia sacra IV 749 ff. zu sehen ist. Die
Details dieser Entwickelung sind noch nicht ganz aufgeklärt.

2) Maximus hat den Eusebius schwerlich noch persönlich gekannt.
Der Letztere starb 371; den Namen des Ersteren finden wir noch 465
als Teilnehmer an einer römischen Synode. Die Angabe des Gennadius, catal. 41, beruht auf einem Irrtum. Statt moritur wird floruit zu
lesen sein.

3) Überschrieben sind die Homilien de natali S. Eusebii episcopi.

uns reden. Es heißt bei Maximus von Arius: negat verbum dei esse
deum et apud deum esse infidelitatis sua caecatus obscu-
ritate[1]) und etwas später praesumptionis suae furore confusus salutare utriusque in [Christo naturae perdidit sacramentum.[2]) Der
Prediger redet an einer Stelle die Häretiker direkt an, genau in derselben Weise wie unsere Taufrede es thut.[3]) Beide Redner, und das
ist besonders auffallend, gehen aus von dem johanneischen Worte:
ego et pater unum sumus, um dann ihren Beweis gegen Arius und
Sabellius in ganz gleicher Weise zu führen.[4]) Dazu kommt, dass der
Übergang des Maximus aus seiner Einleitung zu gerade diesem Thema
und diesem Worte als ein abrupter und durch den Gang der Rede
nicht gebotener erscheint[5]) und sich am besten erklärt, wenn der
Redner für den Hauptteil seiner Rede eine Vorlage hatte, deren Thema
ihm im Gedächtnis lag.[6]) In genau einander entsprechenden Wendungen wird die Gottmenschheit Christi behandelt.[7]) Die letztere

---

1) Einzelne solche Ausdrücke anzuführen ist natürlich besonders
schwer, weil nicht wenige auch in anderen, einem ähnlichen Zwecke
dienenden Reden sich finden. Es kommt auch hier auf den Zusammenhang und den Gesamteindruck an. Auffallend ist doch die
beiden Reden gemeinsame Verbindung: salutare sacramentum (die
Taufrede hat sacramentum et salutare mysterium); solitarius; astruere.
Vgl. aber besonders die folgenden Noten.

2) Siehe Caspari p. 135: stultitiae tenebris ex impia voluntate
caecatus. Maximus: ut impius blasphemat Arius vgl. mit ganz ähnlichen Wendungen bei Caspari p. 135.

3) Caspari 139[3]; ineffabile sacramentum et salutare mysterium.

4) Caspari p. 138[8]: quid tu, homo haeretice, audes praesumere
tibi scientiam Dei — —. Maximus: quid mihi nunc, haeretice — —

5) Besonders Maximus p. 415: qui et unum dicit et sumus nec
separatione se dividit nec unione confundit; qui unum cum patre est,
nec perpetuitate a patre differt nec virtute discordat; cumque sit cum
patre unum de patre tamen natus asseritur, ne, ut impius blasphemat
Arius, aut creatura quaecunque filius aut patri impar esse credatur.
Audis ergo, o homo — — Vgl. Caspari a. a. O. besonders p. 135 gegen
Ende.

6) Maximus a. a. O. p. 415: sed necessarium nunc esse reor,
ut occasione beati huius patris nostri quem in tantam gloriam catho-
licarum ecclesiarum fides indeclinabiliter ab eo servata provexit, nos
quoque — salutaribus doctrinae dominicae testimoniis imbuamur. Ait
ergo dominus: ego et pater unum sumus. — —

7) Caspari p. 139[18]: itaque hunc filium dei et hominis (Korrektur von Caspari) credite et confitemini, sed filium dei [ex deo et
filium hominis ex matre, ita ut sine matre filius dei et sine patre sit
filius hominis, quia nec corporis sexus deo nec viri coitus in virgine.
Hunc dominum maiestatis et perfectum deum secundum naturam
et formam dei patris credimus, ita ut perfectum hominem ex

betreffend, so hat schon Caspari zu bemerken Anlass genommen, dass
die Fassung derselben in der Taufrede und der betonte Gebrauch
des perfectus homo den Anschein geben könnte, als setzte die Rede
das Auftreten des Apollinaris voraus. Doch er selbst hat dagegen
angeführt, dass bereits Hilarius und — Eusebius von Vercellae
dieselbe Formel mit derselben Betonung verwenden.[1]) Also gerade
die Christologie der Rede spricht für den Eusebius!

· Und was ergiebt sich aus dem oben Dargelegten? Maximus, der
den Eusebius persönlich nicht kannte und eine Gedächtnisrede auf
denselben halten sollte, kann dabei recht wohl von Reminiscenzen geleitet worden sein an eine Rede des confessor, die er vielleicht wiederholt gelesen; an sich hatte er keine Veranlassung, plötzlich in Stil
und Gedankengang einer Rede in traditione symboli zu verfallen. Es
ist doch jedenfalls höchst beachtenswert, dass die angeführten auffallenden Berührungen gerade bei einer Rede eintreten, welche zu
Ehren des Mannes gehalten wurde, den wir vermittelst eines apagogischen Beweises für den Verfasser zu halten von vorn herein geneigt
sein mussten.

Alles aber, was wir von Eusebius von Vercellae wissen, spricht
für seine Autorschaft. Er hat in der vordersten Reihe derer gestanden, die für den rechten Glauben gestritten und in der Verbannung
gelitten haben. Obwohl keine schroffe und extreme Natur wie Lucifer
von Calaris, hat er doch auch in heftiger Polemik gegen die Arianer
sich ergangen, wie die wenigen uns erhaltenen Briefe uns bezeugen.[2])
Dieselben zeigen ihn uns ferner als einen gebildeten Mann, der die
Feder zu führen verstand. In hohem Ansehen hat er sein Lebenlang
gestanden, und Maximus rühmt von ihm, wie er stets das Gotteswort
viel und rein gelehrt habe. Er wird also auch ein guter Kanzelredner
gewesen sein. Seine Christologie setzt ihn, wie wir oben bereits gesehen, mit unserer Rede in nahe Beziehung.[3]) Endlich stehen auch

---

matre virgine. Maximus p. 417: Christus igitur natura deus, natura
et homo, in utroque verus, in utroque perfectus est: quia et hu-
manitatem veraciter sumpsit a matre et de patre habet naturaliter
deitatem. — Bei Maximus muss man natürlich Kenntnis des Apollinaris voraussetzen. Vgl. unten Note 3.

1) a. a. O. p. 167, Note 142. Siehe auch unten Note 3.

2) Vgl. Stellen wie: quantum ergo Satanas ecclesias vulneraverit
per Ariomanitarum crudelitatem! (bei Migne XII 952). — — Videns
hoc diabolus, innocentiae hostis, iustitiae inimicus, contrarius fidei,
quia in hoc opere benedicebatur deus, inflammavit adversum nos Ario-
manitas suos — — (a. a. O. 949 s. f.). — — iterum dico, quod nisi
professi et verbo et conscriptione fueritis, homicidae eritis prohibendo
(a. a. O. 950 s. f.).

3) novit hoc omnipotens deus: novit et eius unigenitus innar-

die Anführungen aus dem Symbole, die wir an einer Stelle seines zweiten Briefes finden, mit der Taufrede nicht nur nicht in Widerspruch, sondern könnten deren Symbol allenfalls bestätigen. [1]

Caspari hat seine Untersuchung über den Verfasser unserer Rede mit den Worten begonnen [2]: »Diese Frage ist sehr schwer zu beantworten, und weiter als bis zu einer nicht ganz unwahrscheinlichen Vermutung wird man es in Bezug auf sie kaum bringen können.« Wir glauben mit dem Nachweis, dass Lucifer von Calaris der Verfasser nicht, Eusebius von Vercellae es dagegen sehr wohl gewesen sein kann, eine solche nicht ganz unwahrscheinliche Vermutung aufgestellt zu haben. Unsere Gründe freilich hängen, wie wir bereits betonten, an der Stringenz des apagogischen Beweises, den wir als von Caspari erbracht anerkennen.

Der besseren Übersicht wegen mag der Gang unserer Untersuchung zum Schlusse nochmals kurz zusammengefasst werden:

1. Unser Symbol gehört einer altitalischen oder doch einer Italien benachbarten Kirche an (Caspari).

2. Die Auslegungsrede kann, soweit unsere Kenntnis der Autoren, welche um 360 lateinisch schrieben, reicht, nur von Lucifer von Calaris oder von Eusebius von Vercellae gehalten sein.

3. Sie ist nicht von Lucifer von Calaris gehalten.

4. Die Beschaffenheit des in ihr tradierten Symbols spricht nicht gegen Eusebius von Vercellae.

5. Die augenscheinliche Verwandtschaft, welche nach Form und Inhalt zwischen unserer Rede und der 77sten Homilie des Maximus von Turin besteht, legt die Annahme nahe, dass Maximus dieselbe gekannt haben möchte. Da er seine Homilie zu Ehren des Eusebius hielt, so findet die Verwandtschaft ihre beste Erklärung darin, dass ihm die Rede als von Eusebius herrührend vorgelegen haben möchte.

6. Was wir von Eusebius, seinem Leben, seiner Bildung, seiner Theologie und im speziellen seiner Christologie wissen, spricht für seine Autorschaft.

---

rabiliter de ipso natus filius, qui salutis nostrae causa deus sempiternae virtutis hominem perfectum induit (vgl. p. 127, Note 7).

1) — — qui (dei filius) pati voluit, morte triumphata tertia die resurrexit, ad dexteram patris sedet, venturus iudicare vivos et mortuos: novit et spiritus sanctus: testis est ecclesia catholica quae sic confitetur. Auch das catholica (vgl. oben p. 125) ist nicht unwichtig, wenn auch an dieser Stelle natürlich nicht an wörtliches Citieren des Symbols gedacht werden darf.

2) a. a. O. p. 175.

Das in der Rede 'ausgelegte S y m b o l würde somit thatsächlich einer altitalischen Kirche und zwar der v o n Vercellae angehören. Da es aber nicht über allen Zweifel erhaben ist, dass das Symbol überall wörtlich citiert ist,[1]) so darf man auf Verschiedenheiten der Symbole in den oberitalischen Kirchen, etwa von Turin und Vercellae, daraus keine Schlüsse ziehen.

----

1) Vgl. darüber auch die Vermutung, den Zusatz im ersten Artikel betreffend, auf p. 125 und Note 1.

Berichtigung.

Seite 36 Zeile 10 lies Constantins statt Constantius.

--------►✕◄--------

Lightning Source UK Ltd.
Milton Keynes UK
UKHW04f2138270818
327886UK00006B/347/P